中央高校基本科研业
Fundamental Research Fu

U0507625

员工品牌公民行为的
形成及其对顾客品牌关系
的影响研究
——基于保险行业的数据

秦春雷 著

Research on the formation of Employees' Brand Citizenship Behavior
and Its Effecton Consumers' Brand relationship
-Evidence from the Insurance Industry

中国财经出版传媒集团

经济科学出版社
Economic Science Press

图书在版编目（CIP）数据

员工品牌公民行为的形成及其对顾客品牌关系的影响研究：基于保险行业的数据/秦春雷著 . —北京：经济科学出版社，2017.4

ISBN 978 - 7 - 5141 - 7968 - 2

Ⅰ. ①员… Ⅱ. ①秦… Ⅲ. ①保险业 - 品牌 - 企业管理 - 研究 - 中国 Ⅳ. ①F842.3

中国版本图书馆 CIP 数据核字（2017）第 091923 号

责任编辑：王 娟
责任校对：王苗苗
责任印制：邱 天

员工品牌公民行为的形成及其对顾客品牌关系的影响研究
——基于保险行业的数据
秦春雷 著
经济科学出版社出版、发行 新华书店经销
社址：北京市海淀区阜成路甲 28 号 邮编：100142
总编部电话：010 - 88191217 发行部电话：010 - 88191522
网址：www. esp. com. cn
电子邮件：esp@ esp. com. cn
天猫网店：经济科学出版社旗舰店
网址：http：//jjkxcbs. tmall. com
北京季蜂印刷有限公司印装
710×1000 16 开 10 印张 200000 字
2017 年 6 月第 1 版 2017 年 6 月第 1 次印刷
ISBN 978 - 7 - 5141 - 7968 - 2 定价：30.00 元
（图书出现印装问题，本社负责调换。电话：010 - 88191510）
（版权所有 侵权必究 举报电话：010 - 88191586
电子邮箱：dbts@ esp. com. cn）

前　　言

随着产业结构的优化、调整，现代服务业已发展成为我国的支柱产业。数据表明，在 2015 年第三季度末服务产业占 GDP 比重已达到 51.4%，首次突破 50%。但在服务业蒸蒸日上的背后，服务品牌建设不平衡，品牌内化战略不明晰、顾客忠诚度下降等问题日益突显。

在服务业内，品牌内化战略所形成的员工品牌公民行为是顾客窥测整个企业的服务品质和文化氛围的直观界面，是保证传递服务体验和品牌承诺的持续一致的重要基础。尽管国内服务业组织内部都意识到了品牌内化管理的重要性，但在品牌内化管理上仍处于简单内化的初级阶段，内化效果如何，内化对员工品牌公民行为会产生什么影响，以及对公司顾客的品牌关系带来多大的帮助，管理层却没有明确的认知。由于缺乏对品牌内化及员工品牌支持行为的系统认知，所以很容易造成服务行业在实施品牌内化战略时出现只注意品牌培训和品牌激励上，忽视了内部沟通及领导特征的重要性，员工品牌支持行为缺乏必要的认知，没有系统规范的体系，也就很容易导致品牌管理的失效等痛疾。因此，在围绕中国国情，如何结合服务业具体特征，探讨品牌内化战略设计、实施，分析员工品牌公民行为特征及其对顾客关系影响具有重要的理论价值和实践指导意义。

针对服务业品牌建设过程中存在重品牌承诺、轻品牌内化、顾客体验与品牌承诺的不匹配、顾客对品牌价值评估失真等缺陷，本书以保险公司作为实证对象，进行了员工品牌公民行为及其对顾客品牌关系影响的实证研究。首先，介绍了本书的研究背景及意义，研究思路、内容以及创新和不足。其次，从社会认同和心理所有权理论、品牌与服务品牌理论、服务品牌建设中员工所起的作用、社会科学领域中的内化概念、服务品牌内化和员工品牌支持行为、员工品牌心理所有权及品牌承诺与员工品牌公民行为、基于顾客的品牌关系等方面做了尽可能全面地文献梳理与总结。基于文献综述，文本通过探讨品牌内化与员工品牌公民行为的关系、员工品牌公民行为与顾客品牌的关系，提出了关于品牌内化对员工品牌公民行为及其对顾客品牌关系的影响因素及过程机制的理论模型，设计了实证方案，并对调研的抽样方法、问卷发放和回收进行了描述。最后，根据统计数据对量表进行了可靠性检验、收敛效度和区别效度的检验，并利用结构方程测量工具对结构模型的整体拟合优度进行了检验，验证了其合理性，同时，还对各个路径关系进行了假设检验。实证分析结果表明，在保险公司品牌内化过程中品牌激励、品牌内部沟通和领导特征都正向显著影响员工品牌公民行为，在品牌内化驱动因素中，品牌领导是最为重要的因素；员工品牌心理所有权和品牌承诺则支持了员工品牌公民行为；员工品牌公民行为对基于顾客的品牌关系产生了积极的影响。得出如下结论：①品牌内化机制通过影响员工心理所有权影响员工品牌公民行为；②品牌内化机制通过影响员工品牌承诺影响员工品牌公民行为；③员工品牌心理所有权在品牌内化机制对品牌承诺影响中起中介作用，在品牌内化机制对员工品牌公民行为影响中起中介作用；④员工品牌公民行为积极影响基于顾客的品牌表现，即顾客品牌信任和品牌承诺；⑤员工和顾客的人口统计学特征显著影响员工和顾客的品牌态度和行为。

本书的创新性研究主要有以下几点。

1. 传统品牌内化管理模型是基于人力资源相关行为、品牌内部沟通和品牌领导三个驱动要素对品牌内化机制进行设计和验证。但对人力资源要素的内涵组成，及其对品牌内化、员工品牌支持行为的影响鲜有涉足。本书则通过文献梳理，在深度访谈的基础上，本书探索出中国情境下服务行业品牌内化驱动维度，包括品牌培训、品牌激励、品牌内部沟通和品牌领导四个维度，很好地支撑了人力资源相关行为维度，使品牌内化驱动维度更清晰、可量化、可操作。

2. 现有文献对员工品牌支持行为的研究，主要基于员工公民行为视角，验证布尔曼和赞贝林理论模型的有效性，本书则从员工心理所有权这一新的维度，更好地验证了品牌内化对员工品牌公民行为的影响，同时，员工心理所有权作为中介变量，也更好地解释了员工品牌承诺。这不但进一步明晰了品牌内化对员工品牌公民行为影响的内部机制，更是对该领域研究成果的有益补充。

3. 针对现有文献将员工品牌支持行为和基于顾客品牌关系的分割研究的现状，基于一线员工和员工所直接服务的顾客两个层面的整合，将企业内部品牌内化机制与企业外部顾客品牌关系结合起来研究，从整体上探讨企业品牌内化机制对基于消费者的品牌关系的影响，从而更真实和全面地反映了企业品牌内化机制与顾客品牌权益的关系。

针对中国服务行业品牌建设过程中存在的问题，本书在文献梳理的基础上，拓宽了品牌内化的研究视野，从员工品牌心理所有权这一新视角，通过整合员工品牌公民行为、顾客的品牌关系，系统化解析服务行业品牌内化，研究品牌内化机制对员工品牌承诺和员工品牌公民行为影响，开发了员工品牌公民行为和基于消费者品牌关系的测量量表，并进行了严格的实证检验。实证结果表明，模型可行、有效，对保险公司甚至整个服务行业开展以员工和顾客为导向的有效品牌管理，构建公司与员工和顾客间良性的品牌关系，引导、评价员工品牌公民行为等实践活动，具有重要的理论指导意义和参考借鉴价值。

目 录 CONTENTS

第1章 绪论 ·· 1

    1.1 研究背景 ··· 1

    1.2 研究意义和创新 ································· 9

    1.3 研究内容、方法及技术路线 ··········· 12

第2章 相关理论基础与文献综述 ········· 17

    2.1 相关理论基础 ································· 17

    2.2 服务品牌建设中的员工角色 ··········· 23

    2.3 员工品牌内化 ································· 30

    2.4 员工品牌支持行为 ·························· 47

    2.5 基于顾客的品牌关系 ······················ 55

    2.6 关键概念界定 ································· 59

第3章 研究模型构建及假设提出 ········· 61

    3.1 理论模型的构建 ······························ 61

    3.2 研究假设 ··· 63

    3.3 实证研究模型 ································· 73

第4章 研究方法 ···································· 74

    4.1 研究层面与研究群体 ······················ 74

4.2 数据收集 ······ 76

4.3 量表开发 ······ 77

4.4 数据分析方法 ······ 86

第5章 数据分析与假设检验 ······ 89

5.1 数据描述 ······ 89

5.2 人口统计特征方差分析 ······ 101

第6章 研究结论及相关探讨 ······ 107

6.1 研究结果及讨论 ······ 107

6.2 理论贡献 ······ 112

6.3 实践意义和管理启示 ······ 114

6.4 研究局限和未来研究方向 ······ 117

参考文献 ······ 120

附录一：调查问卷（员工） ······ 142

附录二：调查问卷（顾客） ······ 146

后记 ······ 148

图目录

图 1 – 1　本书技术路线　·············　15

图 2 – 1　社会认同理论　·············　21

图 2 – 2　领导在服务品牌建设中的作用　·············　39

图 2 – 3　品牌内部营销要素与员工品牌化行为关系研究模型　·····　40

图 2 – 4　服务员工品牌内化及其影响因素的概念模型　·········　41

图 2 – 5　服务品牌内化过程理论模型　·············　41

图 2 – 6　员工内在认同分类框架　·············　48

图 2 – 7　员工品牌支持行为分类框架　·············　49

图 2 – 8　员工品牌态度与行为模型　·············　49

图 2 – 9　品牌内化理论模型　·············　50

图 2 – 10　员工品牌类型框架　·············　51

图 2 – 11　员工品牌承诺"金字塔"框架　·············　51

图 2 – 12　品牌公民行为与顾客品牌关系模型　·············　54

图 2 – 13　员工心理所有权、品牌承诺与员工品牌行为

　　　　　理论模型　·············　54

图 3 – 1　本书概念框架　·············　63

图 3 – 2　本书的实证研究模型　·············　73

图 5 – 1　模型路径关系　·············　99

图 5 – 2　修正后的模型路径关系　·············　101

表目录

表 1 – 1　我国历年保费情况 ……………………………………… 2

表 1 – 2　2014 ~ 2015 年消费者保险服务投诉统计 ……………… 2

表 1 – 3　品牌内化相关观点 ……………………………………… 4

表 1 – 4　本书的研究框架 ………………………………………… 15

表 5 – 1　问卷调查样本概况 ……………………………………… 89

表 5 – 2　各潜变量之间相关关系 ………………………………… 91

表 5 – 3　量表的信度检验结果 …………………………………… 92

表 5 – 4　探索性因子分析结果 …………………………………… 94

表 5 – 5　各变量间相关系数 ……………………………………… 96

表 5 – 6　路径系数与效度检验 …………………………………… 96

表 5 – 7　结构方程模型的拟合指标值 …………………………… 98

表 5 – 8　模型假设检验结果 ……………………………………… 98

表 5 – 9　修正结构方程模型的拟合指标值 …………………… 100

表 5 – 10　员工性别的 ANOVA 结果 …………………………… 102

表 5 – 11　员工年龄的 ANOVA 结果 …………………………… 102

表 5 – 12　员工受教育程度的 ANOVA 结果 …………………… 103

表 5 – 13　员工入职年限的 ANOVA 结果 ……………………… 104

表 5 – 14　顾客性别的 ANOVA 结果 …………………………… 104

表 5 – 15　顾客年龄的 ANOVA 结果 …………………………… 105

表 5 – 16　顾客受教育程度的 ANOVA 结果 …………………… 105

表 5 – 17　顾客收入水平的 ANOVA 结果 ……………………… 106

第 1 章

绪　　论

1.1　研　究　背　景

1.1.1　现实背景

随着经济全球化的发展，在知识、信息和技术的推动下，服务行业正为全球经济社会发展贡献着巨大力量（Fitzsimmons et al. ，2004）。尤其在欧美发达国家，服务产业已经成为国家的支柱产业，服务行业产值占国家GDP 的60％以上，如美国、德国、英国和法国等发达国家，近几年服务行业比重则已经上升到70％以上。我国服务行业起步较晚，但随着近几年国家产业结构转型升级战略的实施，服务行业发展迅速。根据国家统计局统计数据显示，我国服务行业产值从 2013 年占全国 GDP 的 46.9％提升到 2015 年第三季度末的 51.4％，首次突破 50％。

服务行业的繁荣带来了服务品牌的重视和发展。根据市场调研机构华通明略（MillwardBrown）发布的我国 2015 年度"最具价值中国品牌 100强"显示，排名前十位的最具价值品牌中，互联网、金融保险和通讯传媒占了 8 席。品牌咨询公司国际品牌集团（Interbrand）发布的 2015 年全球最佳品牌排行榜前十名中服务行业也占到了 3 席（谷歌、微软和亚马逊）。服务企业已经意识到竞争优势或差异化优势的核心是建立起自己的强势品牌（Keller，1998；Sharp，1995）。

然而，在我国服务行业如火如荼的进行品牌建设的同时，其所取得的成效却并不突出。面对信誓旦旦的品牌承诺，精美细致的营销广告，顾客的不满情绪却越来越多。本书梳理了近年来作为高接触性服务行业的保险行业（本书仅指寿险行业）相关数据和顾客投诉情况，见表1-1、表1-2所示。

　　如表1-1所示，2004~2014年我国保险行业都取得了巨大成绩。这其中既有国家政策支持和社会经济发展的贡献，但更多的是保险公司自身完善管理，品牌建设取得显著的成就。

表1-1　　　　　　　　　　　　我国历年保费情况

年份	保费		险深度（%）	保险密度（元/人）
	绝对值（亿元）	增长率（%）		
2004	4323.0	12.3	3.39	332.2
2005	4828.4	14.0	2.70	375.6
2006	5640.2	14.4	2.80	431.3
2007	7033.4	25.0	2.93	532.4
2008	9789.1	39.2	3.25	736.7
2009	11137.3	13.8	3.32	834.4
2010	14528.0	30.4	3.65	1083.4
2011	14341.0	10.5	3.04	1064.4
2012	15485.5	8.0	2.98	1143.7
2013	17217.9	11.2	3.03	1265.4
2014	20233.6	17.5	3.18	1479.3

　　资料来源：中国保险监督管理委员会《2015中国保险市场年报》。

　　如表1-2所示，2015年全国消协组织共受理消费者保险服务投诉1130件，而2014年全年全国消协组织受理消费者保险服务投诉1173件。可以看出，伴随着保险行业的快速发展，保险服务并未跟上前进步伐。

表1-2　　　　　　　　　2014~2015年消费者保险服务投诉统计

类别	2014年（件）	2015年（件）
保险服务	1173	1130

　　资料来源：中国消费者协会《2015年全国消协组织受理投诉情况分析》。

通过表1-1和表1-2对比分析发现，在做好品牌营销相关活动的同时，更应该关注基于顾客的品牌体验。作为服务高接触性行业的保险行业，顾客的品牌体验来自于员工的服务过程，所以只有从企业内部做起，将品牌营销给员工，通过员工将企业的品牌承诺转化为顾客的品牌价值，从而实现顾客的品牌期望与品牌体验达成一致。品牌内化就是将品牌营销给员工，将员工对于品牌的理解与对顾客的品牌承诺相符（Aurand et al.，2005）。

本书以高接触性服务行业的典型代表保险公司，作为研究对象，主要基于以下考虑：首先，国家新"国十条"颁布以来，国家将保险业定义为现代经济的重要产业，这意味着保险行业在我国进入了国家发展战略层面，在社会经济发展中有了更重要和清晰的角色定位。其次，服务行业品牌承诺和顾客品牌体验的不平衡性在保险行业表现得尤为突出，也是保险行业能很好地代表服务行业品牌建设中的共性问题。最后，作为高接触性的服务行业的典型代表，保险行业在品牌建设中取得的成果可以很好地向酒店、金融、航空等行业扩展。本书未选取更多的服务行业进行研究，主要考虑到各行业客户群体、经营模式、竞争环境等的不同可能会有所差别，限于本书研究时间、成本等问题，可能无法更详尽的进行研究，但为了进一步发现各行业品牌建设中的共性问题和个性问题，将来可以进行进一步研究。

1.1.2 理论背景

1. 服务品牌相关研究议题

服务品牌自20世纪80年代中期才受到了越来越多学者的关注。本书通过对以前相关研究文献的大量检索，发现服务品牌领域的研究主要集中于以下几个方面：服务品牌的概念、特点和分类（Stobart，1994；Grönroos，2000；黄静，2005）；服务品牌权益理论（Sharp，1995；贝里，2000；Yoo，DonthuandLee，2000）；服务品牌传播（Dan & Douglas，1997；Health，2001；王小好，2008）；服务品牌态度与关系理论（Jillian C. Sweeney & Macy Chew，2002；Dall' Olmo Rile，2000；陆娟，2003；卢泰宏，2006）；基于顾客体验的服务品牌研究（Grönroos，2000；Andreassen，2000；Boshoff，2005；范秀成，2001；刘雁妮、刘新燕，2003；詹志方，2005；谢礼珊等，2010）；服务品牌的市场策略（Kapferer，1997；Martinez et al.，2005；白长虹，2002；谢泅薪，2006；张媛媛，2008）。

上述文献主要对服务品牌的市场活动与效果这一领域进行了探讨，而缺少对服务品牌内化管理及员工品牌支持行为相关的研究，深度和广度都与以上研究领域相差甚大，所以，员工支持行为及其对消费者品牌关系影响研究有很大的空间。

2. 品牌内化研究兴起与发展

服务品牌内化的研究起步较晚。贝茨（Betts，1999）研究发现，虽然服务企业不遗余力地进行品牌营销，但顾客对品牌的不满却愈演愈烈，这一不满是由于顾客对服务企业品牌承诺与实际体验差异引起的。这一差异就需要企业通过自身切实的行动，通过品牌内外营销结合，最终由员工将品牌承诺传递给顾客。因此，很多学者提出了品牌内部建设、内部品牌化（InternalBranding）和内化品牌（InternalizeBrand）等品牌内部管理概念（Richard Zucker，2002；Bobula & Jessica，2005；Punjaisri & Wilson，2007）。

根据对以往文献归纳来看，品牌内化驱动要素主要包括员工品牌培训、员工品牌激励、员工品牌内部沟通、人力资源管理对品牌的影响、高层领导者对品牌的重视等（Zucker，2002；Thomson et al.，1999；Causon，2004；Vallaster & de Chernatony，2001，2005；Burmann & Zeplin，2005；Papasolomou & Vrontis，2006；陈晔、白长虹、吴小灵，2011）。针对品牌内化观点，本书进行了整理，如表1-3所示。

表1-3　　　　　　　　　　　　品牌内化相关观点

观点	内容	代表性的研究学者
基于企业组织的观点	品牌内化不仅仅是企业内部简单的宣传，而要真正形成能推动企业进行变革的力量	Lings，2000；Rode & Vallaster，2005；de Chernatony et al.，2004
基于员工的观点	品牌内化是将品牌营销给员工，员工理解品牌并且传递品牌价值的过程	Keller，1999；Macrae，1996；Tosti & Stotz，2001

资料来源：笔者整理。

3. 员工品牌支持行为及其对基于顾客的品牌关系影响的相关研究

在服务行业品牌价值实现过程中，基于员工所扮演的重要角色考虑，布尔曼和赞贝林（Burmann & Zeplin，2005）设计了一个关于品牌内化管理模型。在这个模型中，布尔曼和赞贝林提出了影响员工品牌支持行为的三个驱动要素，即人力资源相关行为、品牌内部沟通和品牌领导特征。同时，在该模型中，布尔曼和赞贝林提出了"员工品牌公民行为"（Brand citizenship behavior）的概念，认为员工需要将品牌价值内化为他们的服务行为，有助于企业在给顾客服务中实现品牌承诺。所以，员工在每一次与顾客的接触中，通过员工品牌公民行为实现品牌承诺。

之后，其他学者也对品牌公民行为进行了研究，并进一步证实了人力资源相关行为、品牌内部沟通和领导是促使员工态度和行为改变的重要原因。这些因素增强了员工的品牌支持行为（Aurand，Gorchels & Bishop，2005；Burmann & Zeplin，2005；Burmann，Zeplin & Riley，2009；Gapp & Merrilees，2006；Papasolomou & Vrontis，2006；Punjaisri & Wilson，2007）。品牌内化使员工对公司品牌有了更好的认识和分享，从而能更好地向顾客传递品牌承诺（Harris & de Chernatony，2001）。而正是由于他们对公司品牌的这种承诺贯穿于他们的服务过程中，所以就形成了他们持续一致的品牌公民行为（Vallaster & de Chernatony，2005）。

布尔曼和赞贝林（2005）认为，员工的品牌承诺是员工品牌公民行为的核心。他们认为企业可以通过人力资源相关行为、品牌内部沟通和领导增强员工的品牌承诺，这些要素将会帮助员工将品牌价值进行内化，并形成自身对品牌的认同。因此，认同和内化是了解员工品牌承诺和品牌公民行为的基础。

我国学者谢礼珊等（2010）基于旅游行业研究了员工公民行为对顾客品牌认同和品牌承诺的影响。张辉、白长虹和牛振邦（2012）研究了品牌心理所有权和品牌承诺对员工品牌公民行为的影响。

4. 以往研究的归纳

通过以上理论文献梳理，笔者发现，学术界对员工品牌支持行为的研究并不丰富。该主题研究尚处于刚刚兴起阶段，研究结果分散，研究深入程度不够。由于对服务行业品牌内化的研究本就比较零散，对品牌内化对员工品牌支持行为的理解还没有统一的认知，特别对于员工品牌支持行为对基于顾客的品牌关系的影响更是少见，更没有将其与企业品牌内化联系在一起进行研究。归纳起来，目前研究中主要存在以下问题。

（1）关注品牌内化过程机制研究较多，对品牌内化对员工品牌支持行为产生的影响研究较少。大多数学者从组织或员工层面对企业内化进行了研究，探讨企业内化的驱动因素和过程机制，但企业品牌内化产生了什么效果？如何衡量其效果？在对品牌支持行为驱动因素的研究中，学者们只是对布尔曼和赞贝林品牌内化管理模型中提到的三个要素进行验证，但并未进行细化，例如人力资源相关行为到底包括哪些？哪些人力资源相关行为会对员工的品牌支持行为产生积极的显著影响？

（2）缺少品牌内化对员工品牌公民行为影响机制过程更深层次研究。以往研究只关注品牌内化对员工承诺产生影响，进而影响到员工品牌公民行为，缺乏对其他能够影响到员工品牌支持行为的因素的研究和归纳，是否品牌内化通过影响员工的其他因素进而影响到员工品牌支持行为？是否存在其他要素也对员工的品牌承诺产生影响？

（3）以往研究主要关注品牌内化管理的过程和结果，忽略了包括员工品牌支持行为对顾客品牌关系影响在内的整体性研究。顾客的认可才是品牌成功的关键，这也是企业进行一切品牌活动的动因。以往的研究却将品牌内化管理与基于消费者的品牌关系割裂开来进行研究，研究品牌内化管理的只关注内化的过程和结果，研究基于消费者的品牌关系的只关注消费者品牌价值的实现，而企业进行品牌内化会影响员工的品牌支持行为，进而通过员工的品牌支持行为影响基于消费者的品牌关系，这应该是一个有机的研究整体。把品牌内化与消费者的品牌权益结合起来进行研究，将会对进一步分析品牌内化诸要素与外部消费者品牌信任、品牌忠诚之间的关系产生重要意义。

1.1.3 问题的提出

品牌是一个体验过程，阿略萨等人（Alloza et al.，2004）通过研究发现，品牌如同一座冰山，只有 15% 的部分露出了海平面。这 15% 就是顾客可见的品牌视觉识别体系，如顾客能直观了解到的企业的广告、产品、企业的组织结构、企业的应急解决方案等等，而剩下的 85% 的部分，也就是冰山藏在海平面以下的部分，那才是企业的基础。这 85% 就是企业的品牌管理战略。它是企业所有员工及团队共同努力的结果，而这一切都是为了使海平面以上 15% 的品牌可视化的部分成为可能。很多成功的服务企业通过持续的品牌内化而带来了巨大成功。

案例一：西南航空公司作为美国最成功的航空企业，它成功的根源就在于对员工内化的持续关注。西南航空在员工培训过程中，非常注重员工的服务态度，除了对员工进行必要的技术培训，公司还专门对员工进行"快乐"培训，让他们明确"快乐"的含义。这种技术培训之外的培训，使得公司能借助高昂的员工士气与"有趣"公司文化与顾客建立良好的关系，同时，公司还向员工明晰企业愿景与品牌价值，通过成立文化委员会等方式与员工分享企业的品牌形象（Stein，2000）。

案例二：我们在与保险公司员工的沟通过程中发现，业绩好的一线员工共同特点是，在与顾客的接触过程中，员工打动顾客的不是专业技能，而是工作职责之外的行为。以某合资人寿企业山东分公司的 A 员工为例，其在 2015 年的销售业绩（标准保费）为 500 多万元，她认为其成功的关键就是在于顾客的接触中乐于帮助顾客；自身对公司品牌的信任感和安全感传导给了顾客；自身对公司的发展充满信心，并表达给顾客等。

通过对这两个案例的分析，我们发现，一线员工在服务行业品牌承诺和顾客品牌体验不一致的矛盾中起着重要作用，而解决这一矛盾的关键是一线员工在服务顾客过程中自愿的职责外的行为，即品牌公民行为（Burmann et al.，2005）。这是因为，首先，服务品牌是一种承诺（Ambler & Styles，1996；贝里，2000），服务是员工与顾客点对点接触中形成的，员工与顾客的互动贯穿于整个服务过程当中。以保险公司为例，当保险公司员工向客户介绍产品时，员工就是保险公司的代表，他的专业知识，他的礼仪，他的形象都代表了公司，这一切也都决定了消费者对于公司品牌的认知。而服务是无形性的，这种无形性更强调了员工的作用。服务品牌是一种承诺，它必须依靠公司员工将品牌承诺理解、内化，然后传递给顾客（de Chernatony & Segal - Horn，2001）。其次，员工与顾客互动的过程，也是服务产生的过程，在这一过程中，服务价值、品牌价值都得以实现。顾客在接受保险公司员工服务时，可以看到服务的直观界面，员工的个人服务水平在某种程度上可以使顾客窥测整个企业的服务品质以及员工对于企业的承诺。顾客的这种服务参与性，使得保险公司的内部状态在一定程度上呈现在了顾客面前，参与程度越深，顾客对企业了解也就越深，对保险公司的整体形象也就有着更深的评判和影响。最后，得和奥尔赖利（de Chernatony & Dall' Olmo Riley，1999）认为成功的服务品牌建立依赖于员工与消费者的关系。这种关系则是在员工与消费者一次次的服务接触中形成的，在服务高接触性的保险行业来说这种关系更显突出。对于服务来说，每一次的服务接触是关键，它依赖于消费者对员工服务态度和行为的判断，所以员工在持续一致的传递服务体验和品牌承诺的过程中扮演了非常重要的角色（Hatch & Schultz，2001；Papasolomou & Vrontis，2006）。保险公司员工在每一次服务接触点上都影响着企业品牌。但由于员工个人的专业水平、服务态度、对公司品牌理念的理解、解决问题的能力等各有不同，同时，即使同一个员工也不可能在与顾客的每一次接触中都提供一致的服务。这就是保险服务的异质性，它决定了服务质量的不确定性。所以，公司组织应实施品牌内化战略，以使员工态度和服务于公司品牌一致起来，那么员工也就能够更好地履行品牌承诺（de Chernatony，2001；Tosti & Stotz，2001）。

那么，保险公司品牌内化的驱动因素有哪些？品牌内化战略如何影响员工品牌公民行为？员工品牌公民行为又会对基于顾客的品牌关系产生什么影响？基于这些问题，本书将从质性研究入手，梳理相关文献，构建相关理论模型，同时，将深入我国保险行业进行调查，设计调查问卷，获取数据，并进行实证分析，最后得出结论和管理建议。而由于保险行业和其他服务行业在品牌建设方面存在问题的共性，本书也希望研究成果能扩展到其他服务行业，已提供品牌战略建议和支持。

1.1.4 研究目的

品牌内化战略不仅要关注员工，更要关注顾客。因此，服务行业，尤其是高接触服务行业，在实施品牌内化战略过程中，不仅要通过品牌内化机制形成员工品牌公民行为，还要关注品牌公民行为对基于顾客的品牌关系的影响。鉴于现有关于服务企业员工品牌支持行为研究的缺乏，本书拟通过质性和量性研究，将员工和顾客作为品牌关系的互动主体，对基于员工的品牌关系和基于顾客的品牌关系做全面探讨，构建理论模型，并进行实证检验，旨在剖析员工与品牌和顾客与品牌之间的内在关系及相互影响机制。并基于保险行业的问卷数据，开展了实证分析，希望探索出中国情境下以保险公司为代表的服务行业品牌内化影响因素，为保险公司及其他服务企业在品牌内化建设、员工品牌支持行为形成等方面提供对策建议。

1.2 研究意义和创新

1.2.1 研究意义

1. 理论意义

伴随着我国服务业的迅速发展，品牌建设却没有收到相应的成效，学者开始从品牌外部营销转移到品牌内部营销的研究。但由于品牌内化相关理论研究较晚，使得品牌内化研究理论并不丰富，学术界也没有形成统一的认识。本书对服务品牌的基本概念、研究要点等进行了全面的梳理和归纳，并对"内化"这一关键词进行了深入地分析。

本书对布尔曼和赞贝林（2005）的品牌内化机制模型进行了扩展，并在理论模型中引入了员工心理所有权的概念，从心理学角度丰富品牌管理研究内容。在此基础上，本书根据服务品牌内化理论的相关研究线索，界定出学术研究聚焦在员工品牌公民行为和基于顾客的品牌关系两个层面。

特别是通过对以往研究文献的梳理，笔者发现现有研究主要聚焦在企业内部的品牌内化机制上，少部分学者研究了员工品牌公民行为对基于顾客的品牌表现的影响，却鲜有二者的结合。本书的重要贡献之一就在于首次通过同时分析员工和顾客的品牌相关行为、态度，进而来研究品牌内化机制对于员工的品牌相关行为和态度及顾客的影响，从而形成本书的相对于传统研究扩展了理论模型。本书通过引入基于顾客的品牌表现，来研究员工品牌公民行为对于顾客的影响。

本书结合已有文献、访谈和专家意见等开发出了员工品牌公民行为和基于顾客品牌关系的测量量表，通过对来自保险行业的样本数据进行量表的信度和效度的严格检验，论证了量表开发的合理性和一定的普适性。

2. 现实意义

保险业作为服务行业的典型代表，在我国的经济发展中，其支持实体经济和服务社会治理的功效发挥着重要作用。自 2014 年以来，我国政府出台了一系列支持保险行业发展政策。2014 年国务院连续出台《关于加快现代保险服务业发展的若干意见》和《关于加快商业健康保险发展的若干意见》，2015 年 8 月国务院、中央军委批准《关于推进商业保险服务军队建设的指导意见》，2014 年 8 月下旬，国务院出台《关于加快发展现代保险服务业的若干意见》（即新"国十条"）。国家将保险业定义为现代经济的重要产业，这也就意味着保险行业在我国进入了国家发展战略层面，在社会经济发展中有了更重要和清晰的角色定位。伴随着我国产业结构转换升级战略实施及国家政策推动，我国保险事业取得重大发展。但同时，顾客却对保险品牌认知仍停滞不前，对保险行业投诉频繁，对品牌体验极不满意。

本书以员工品牌公民行为为研究中心，首先通过文献数理界定出保险公司品牌内化驱动要素，并进一步解释了品牌内化机制对员工品牌公民行为的影响，然后研究了员工品牌公民行为对顾客品牌关系的影响。通过研究，本书将为保险公司揭示，品牌内化机制对员工的品牌公民行为会产生什么样的直接影响，以及如何通过内化机制去形成员工的品牌公民行为，结合员工品牌公民行为对顾客品牌关系的影响研究，以建议保险行业及其他服务行业更好的发展和加强长期稳固的顾客品牌关系。

本书以保险行业为研究对象，深入探讨服务行业品牌建设中出现的品牌承诺与顾客品牌体验不一致的深层原因，通过员工品牌公民行为及它对顾客品牌关系的影响对其进行解释，得出管理启示。基于对品牌建设共性问题的探讨和发掘，本书的研究成果在其他金融服务行业，如健康服务行业、普通服务行业、复杂制造业、普通制造业等品牌建设过程中也有一定的借鉴意义。

1.2.2 研究创新

本书的创新性研究主要有以下几点。

第一，本书通过文献数理，在深度访谈等基础上，探索出中国情境下保险行业品牌内化驱动维度，包括品牌培训、品牌激励、品牌内部沟通和品牌领导四个维度，使得品牌内化驱动维度更清晰、可量化、可操作。布尔曼和赞贝林（2005）的品牌内化管理模型基于人力资源相关行为、品牌内部沟通和品牌领导三个驱动要素对品牌内化机制进行研究，后来的学者也基本都围绕这三个驱动维度进行验证。但该模型中，人力资源相关行为包含较多要素，其中哪些要素会对我国保险行业的品牌内化会产生显著影响，并进而影响到员工品牌支持行为，以往研究中均未涉及。本书探索出的品牌培训和品牌激励两个维度，很好地支撑了人力资源相关行为维度。

第二，现有文献对员工品牌支持行为的研究，主要集中在布尔曼和赞贝林（2005）理论模型的验证和员工公民行为维度上，本书则整合了员工心理所有权作为品牌内化影响员工公民行为的新的维度，更充分的解释了员工品牌公民行为的形成，丰富了员工品牌支持行为理论模型。笔者研究认为，保险公司品牌内化机制可以通过影响员工品牌心理所有权进而对员工品牌承诺和员工品牌公民行为产生影响，同时员工品牌心理所有权对员工品牌支持行为也会产生影响。之前对员工品牌支持行为的相关研究文献中，基本以布尔曼和赞贝林（2005）的理论模型为主，布尔曼和赞贝林（2005）认为企业品牌内化机制通过影响员工品牌承诺进而影响到员工品牌公民行为，而本书通过加入员工心理所有权这一新的维度，更好地验证了品牌内化对员工品牌公民行为的影响，同时，员工心理所有权作为中介变量，也更好地解释了员工品牌承诺。这不但进一步明晰了品牌内化对员工品牌公民行为影响的内部机制，更是对该领域研究成果的有益补充。

第三，本书将企业内部品牌内化机制与企业外部顾客品牌关系结合起来研究，更真实和全面反映了企业品牌内化机制与顾客品牌权益的关系。本书从一线员工和员工所直接服务的顾客两个层面结合起来研究，对员工数据和顾客数据进行多源数据匹配。当前管理学研究前沿非常重视多源数据整合，即从多层次、多视角对问题进行研究，收集不同层面数据，从整体上对问题进行分析。通过梳理以往相关研究文献，笔者发现员工品牌支持行为和基于顾客品牌关系的研究是分割开来的。有的学者专注于企业内部品牌内化对员工品牌支持行为的影响研究，有的学者致力于基于顾客的品牌关系的研究，却鲜有研究将企业内部品牌内化机制对员工品牌支持行为及其对基于顾客的品牌关系结合起来研究，从一个整体上探讨企业品牌内化机制对基于消费者的品牌关系的影响。

1.3　研究内容、方法及技术路线

1.3.1　研究内容

根据前述论证，本书主要对以下主题进行研究：服务业品牌内化的驱动因素有哪些？品牌内化战略如何影响员工品牌公民行为？员工品牌公民行为又会对基于顾客的品牌关系产生什么影响？基于以上研究主题，本书的研究内容主要包括以下几个部分。

第一部分，文献梳理与总结。围绕研究主题，本书从社会认同和心理所有权理论、服务品牌建设中员工所起的作用、社会科学领域中的内化概念、服务品牌内化和员工品牌支持行为、员工品牌心理所有权及品牌承诺与员工品牌公民行为、基于消费者的品牌关系等方面做了尽可能全面地文献梳理与总结。详细介绍了社会认同理论和心理所有权理论的产生、内涵；系统阐释了品牌概念及品牌内化的来源；总结了品牌内化对员工品牌支持行为的影响；归纳了员工公民行为对基于消费者的品牌表现的影响研究。通过对文献的梳理与总结，界定了相关研究概念，并为本书理论模型的构建奠定了坚实的文献基础。

第二部分，理论模型的构建。本书通过探讨品牌内化与员工品牌相关行为的关系、员工品牌公民行为与顾客品牌的关系，提出了关于品牌内化对员工品牌公民行为及其对顾客品牌关系的影响因素及过程机制的理论模型，并从驱动要素、过程、影响机制等方面与以往的研究成果进行了比较。同时，为了更好地阐述模型，本书对社会认同理论、心理所有权理论、内部营销和品牌公民行为理论等相关理论做了简要概括；最后，本书参考已有理论和相关研究，提出了关系路径假设。

第三部分，实证分析的设计。本书在理论模型提出的基础上设计了实证方案。从分析员工品牌公民行为及其对顾客品牌关系入手，确定了本书的研究层面；从以往研究对调研主体的选择和本书的研究范围入手，分析选择保险公司一线服务员工和直接服务对象为调研主体的必要性；从数据分析的特点和需求入手，介绍本书采用的主要统计分析工具和分析指标。根据以上论证，本书设计了调研的整体流程。同时，本书借鉴以往成熟的实证研究，并在与专家及保险公司内部专业人员沟通的基础上，系统构建了测量量表。

第四部分，实证分析。本书通过对调研的抽样方法、问卷发放与回收的描述，对调研样本和调研数据进行了描述性统计分析。同时，本书根据统计数据对量表进行了可靠性检验、收敛效度和区别效度的检验，并进行了分析。本书之后利用结构方程测量工具对结构模型的整体拟合优度进行了检验，验证其合理性，同时，还对各个路径关系进行了假设检验，对整个过程机制进行了分析。本书还对员工和顾客的人口统计学特征进行了分析，研究了他们的人口统计学特征对员工和顾客的品牌行为和态度的影响。

第五部分，研究结论及相关探讨。本书通过实证分析得到的结果，得出研究结论，并对本书研究的理论贡献和实践贡献进行讨论，总结了本书的研究结果对保险公司及其他服务行业品牌内化战略的管理启示。同时，本书探讨了研究过程中的不足和局限，并对未来可能的研究方向进行了展望。

1.3.2 研究方法

本书主要采用质性研究和量化研究相结合的研究方法。首先，本书通过对现有相关文献的梳理，归纳出品牌内化、员工品牌支持行为及基于顾客的品牌关系等相关研究的理论成果；其次，本书结合对专家和保险公司员工进行访谈等方式的实际沟通、调研，建立理论模型，提出了各项研究假设；最后，本书通过保险公司员工及其服务顾客进行的规模性问卷调研进行实证分析。

文献梳理。一方面，通过 EBSCO、JSTOR、Elsevier SDOS/SDOL、Wiley 等常用外文数据库和 CNKI 等中文数据库，对国内外相关领域的几十类核心期刊进行了系统搜索；另一方面，借助笔者所在单位图书馆馆藏文献资源及出国访学收集到的国外文献资源，对社会学、心理学等其他社会科学领域的相关理论知识进行学习，借此进一步深入了解与本书研究主题相关研究领域议题。

实证分析。本书对选取保险行业部分公司作为样本进行沟通和调研，以对测量量表进行修正。之后，本书选取了二十家保险公司的一线员工及其服务顾客进行了规模性问卷调研，借助获取的样本数据使用以结构方程模型为主的数据分析方法对模型和假设进行了实证检验。

1.3.3 技术路线

本书研究的技术路线图如图 1-1 所示：

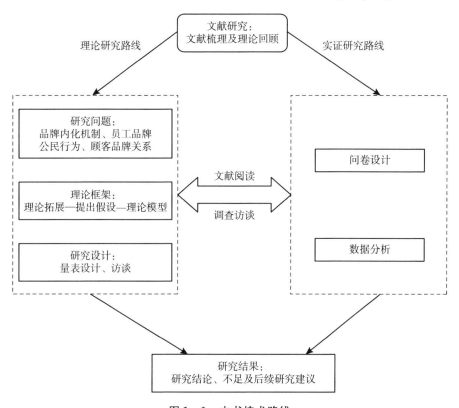

图 1-1 本书技术路线

1.3.4 研究框架

本书的研究框架如表 1-4 所示：

表 1-4 本书的研究框架

第 1 章绪论	研究背景、研究目的和意义、研究内容和创新，研究方法和技术路线		
	研究方法	研究内容	研究结论
第 2 章相关理论基础与文献综述	文献梳理	文献梳理包括：内部营销理论、心理所有权理论、社会认同理论；品牌及服务品牌研究、品牌内化研究、员工在服务品牌内化建设中的作用、员工品牌公民行为概念和基于消费者的品牌信任和品牌承诺研究。通过内容分析法，界定出相关概念	员工品牌支持行为相关研究及基于消费者的品牌关系相关研究的梳理与总结，并界定出研究的相关概念

续表

	研究方法	研究内容	研究结论
第3章研究模型构建及假设提出	理论推演	阐述理论模型构建的思路，提出研究假设	构建理论模型、提出研究假设
第4章研究设计	量性研究	对研究层面、调研对象和统计方法进行设定，开发测量量表	测量量表的开发与研究设计
第5章数据分析与假设检验	量性研究	发放及回收问卷，对测量量表进行信度和效度检验；对结构模型进行拟合度检验；检验研究假设	测量量表、结构模型、路径关系等的检验
第6章研究结论及相关探讨	研究结果及讨论、理论贡献和实践贡献、管理启示及研究的不足和未来研究展望		

第 2 章
相关理论基础与文献综述

本章首先阐述了内部营销理论、社会认同理论等理论基础，介绍了内化的概念及分类，介绍了品牌理论的相关概念，总结了服务品牌内化建设相关理论研究，讨论了在服务品牌内化建设中员工所担当的角色和发挥的作用；其次，本书通过回顾以往学术界对员工品牌支持行为的研究，梳理了服务品牌内化、心理所有权和品牌支持行为的相关研究理论，并对布尔曼和赞贝林（2005）提出的员工品牌公民行为理论进行了阐述，同时，本章对基于消费者的品牌信任及品牌承诺理论进行了综述；最后，本章根据对以上研究内容分析，界定了本书研究中的相关概念。

2.1　相关理论基础

2.1.1　内部营销理论

作为服务行业品牌内部战略的重点，服务品牌内化越来越受到企业重视。服务品牌内化的理论基础是内部营销理论，它为服务品牌价值的传递和兑现提供了理论基础。

张辉、白长虹和郝胜宇（2011）研究发现，员工和顾客的品牌知识虽然来源于对特定品牌的品牌认知，但是品牌识别过程和内化形式存在很大的区别。员工的品牌知识受到员工个体的主观理解、感知和心智模式等的影响，所以相对来说，员工的品牌知识是一种主观知识或者叫隐形知识。内部营销理论认为，内部营销能够在企业内部成员之间创造出能够形成员工的品牌支持行为和员工对企业心理所有权情感的环境，从未为员工这种主观知识或者隐性知识的形成，并且作用于品牌价值实现提供了一种保障。

内部营销理论认为，应该把员工的工作视为产品，而把员工看作内部顾客（Berry & Lampo，2004）。企业必须拥有满意的员工，继而才会拥有满意的顾客（George，1977），也就是，要使顾客满意度的提升或者为顾客提供满意的服务，企业首先应使员工满意或者为员工提供了满意的服务。这是因为顾客的"反射"作用存在，即员工的满意感可以用来"反射"顾客的满意感（Bellou & Andronikidis，2008），特别对于高接触性服务行业的一线员工而言，他们具有双重角色，一边接受企业内部提供的服务，一边需要直接面对顾客，提供服务，所以他们是跨越组织边界的人（Reynoso & Moores，1995）。研究显示，员工的工作满意、组织忠诚及对管理层的信任会被品牌内部营销活动所影响，而这些因素又进而影响员工的心理所有权和品牌支持相关行为，通过员工的这些行为最终会影响服务质量，传导给顾客后，就会影响顾客满意和顾客忠诚（Bansal，Mendelson & Sharma，2001）。所以，只有当品牌—员工关系正常运行，并且通过某些手段加强之后，员工的服务才会更加卓越，更好地将品牌价值传递给顾客，带给顾客满意的品牌体验，从而创造出更快乐的外部顾客（Gummesson，2000）。我们发现，"品牌—顾客"关系质量的提升，得益于内部营销让员工对企业品牌拥有更强的品牌承诺进而表现出品牌公民行为（Burmann，Jost - Benz & Riley，2009）。

卡希尔（Cahill，1995）认为，内部营销的一个基本假设前提，即企业只有在企业组织与员工间进行有效交换，才能成功实现尊重外部顾客的目标。萨瑟和阿贝特（Sasser & Arbeit，1976）认为应该在企业内部进行服务营销，即将服务工作销售给员工，用来提升员工满意度从而吸引更好的员工，所以，企业的服务工作在满足顾客之前应该先满足内部员工。而对于服务行业来说，内部营销可以使组织内部员工通过培训、激励、沟通及评价等手段，更清晰的了解组织的目标和使命，从而达成组织的期望

（Johnson et al.，1986）。Joseph（1996）进一步提出，内部营销是结合了人力资源管理的一种营销应用，内部营销通过激励、善用及管理组织内各阶层员工，并结合相关的理论、技术及法则，来持续改善服务行业员工，尤其是一线员工，作为组织跨界者进行两方面服务的方法。

本书梳理了内部营销相关文献后发现，学者们对内部营销的相关认知归纳起来，主要有以下观点。

首先，内部营销理论认为，员工是企业的内部顾客。这一观点得到众多学者的认可。贝里（Berry，1981）认为，在服务行业组织内部，员工应被视为内部顾客，服务工作则是内部产品，在于公司利益一致的前提下，将内部产品营销给内部顾客，使内部产品满足内部顾客的需求。乔治（George，1977）同样认为，合理的处理好公司和员工的内部交换关系，才能做到使公司顾客满意，所以，内部营销的目的就是通过一系列内部营销手段使公司拥有感受到激励，并具备相关支持行为的员工（Gronroos，1981）。企业的价值最终通过外部顾客来兑现，那么跨边界的一线服务员工就非常重要，他们既需要通过与外部顾客接触传递、兑现企业承诺，又必须与组织内部进行接触、沟通和交换。

其次，内部营销理论认为，内部营销的目的是培养员工的顾客意识。服务行业应大力培养一批具有公司品牌理念、具有服务和外部顾客意识的员工。对于服务行业来说，内部营销在企业内部创造出一种能支持员工行为、顾客导向的环境，使组织内部员工通过培训、激励、沟通及评价等手段，更清晰的了解组织的目标和使命，从而达成组织的期望（Johnson & Seymour，1985；Johnson，Scheuing & Gaida，1986）。那么，内部营销的目的就是通过一些内部活动建立起员工的识别标志，而员工也自发地愿意为此努力，这一目标的实现就要依赖于公司内各部门员工参与并了解公司整体状况，参与提升顾客满意度的竞争活动（George，1990）。

再其次，内部营销理论认为，内部营销也是人力资源管理的哲学。众多学者都将内部营销视为人力资源的一种方法，是与人力资源管理紧密结合的。内部营销是结合营销的观点来对组织的人力资源进行管理，所以，内部营销就是让人力资源管理成为内部营销中的资源，具有整合营销与人力资源管理的功能（George & Gronroos，1989；Glassman，1992）。贝里和拉苏拉曼（Berry & Parasuramen，1991）也同样提出，内部营销就是在组织内部形成满足员工需求的发展策略，形成员工承诺。那么，组织就需要发展符合员工需求的产品（工作），并结合人力资源管理手段，吸引、发展、激励员工，他的基础精神就是待员工如顾客的管理哲学。

最后，内部营销理论认为，内部营销是企业的一种策略性工具，应作为企业的内化战略来实施（Winter，1985）。温特（Winter）通过研究发现，要想让组织内部员工了解如何达到组织目标的方法，就是通过内部营销，调整、教育和激励员工自觉的朝向组织目标。内部营销能很好地解决部门间的冲突，是使组织内部能进行充分沟通的有效工具（Flipo，1986）。他苏哈等人（Tansuhaj et al.，1988）则认为，内部营销应该包含招聘、培训、激励、沟通等人力资源活动对员工工作态度和工作行为的影响，它不是零散的，而是一个完整的方案，这个方案是一个以员工发展为重点的多重计划。内部营销是能激励和整合员工有效执行公司任务的功能性策略（Rafiq & Ahmed，1993）。

同时，内部营销对于企业进行品牌建设也具有积极作用。企业可以通过内部营销进行品牌管理，使内部营销成为品牌管理的工具，企业可以通过一系列活动，例如培训、员工形象、内部质量控制和绩效考核体系等，让员工掌握企业品牌的意义和内涵，并在工作中进行实践（PapasoIomou & Vronts，2006）。加普和梅里利斯（Gapp & Merrilees，2006）认为，内部营销可以通过一系列方法提升员工的满意度、形成员工品牌信任和员工品牌忠诚，从而形成对组织的积极影响，这可以帮助企业品牌内化到员工个体当中，让员工成为品牌大使，并通过员工品牌相关行为表现出来。通过对相关文献梳理，笔者发现，内部营销对员工品牌化建设有以下影响：第一，内部营销可以建立企业与员工间的品牌价值融合。品牌价值是企业、员工和顾客三者间的价值融合结果，员工作为跨界者，其与企业间的价值融合形成企业内的价值承诺，其与外部顾客间的价值融合造就了企业品牌价值的兑现。由此可以看出，员工在品牌价值实现中的重要性，而通过内部营销，将品牌营销给员工，可以使员工充分理解企业品牌价值和品牌承诺，从而在对外部顾客的服务接触过程中能更充分准确的传递和兑现企业品牌承诺。第二，内部营销有利于整合企业内部品牌建设相关的环节。企业进行内部营销可以通过培训、沟通等手段，不断提高企业内部信息沟通的效率，通过整合不同部门间的职能，减少冲突，促进协调，保证内部服务层层递进、环环相扣，从而使得服务从企业内部的后援部门传递给业务部门，并最终由一线员工传递给外部顾客，实现品牌价值，提升品牌形象（谢弘，2005）。

2.1.2　社会认同理论

泰弗尔和特纳（Tajfel & Turner，1979，1986）提出了社会认同理论（social identity theory），并将其定义为"个体认识到他（或她）属于特定的社会群体，同时也认识到作为群体成员带给他的情感和价值意义"，认为社会认同是人们将自身认知为团体成员的情感过程。这个理论的理念就是作为组织的一分子会使人们具有归属感和社会认同感。理论提出者还认为，如果人们想增强他的组织身份认同时，组织应该帮助他形成荣誉感、自尊，并提升他的个人形象。所以，人们倾向于区分内群体成员（我们）和外群体成员（他们），也开始在意提升他们在组织内的个人形象。这个理论基于三个情感过程来区分"我们"和"他们"。这三个过程是分类、社会认同和对比，框架如图2-1所示（Tajfel & Turner，1979）。

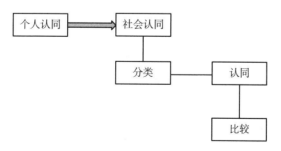

图2-1　社会认同理论

资料来源：Tajfel & Turner. An integrative theory of intergroup conflict in W. G. Austin & S. Worchel（Eds.），The social psychology of intergroup relations，1979：33-47.

人们通过对身处的对内群体和相对的对外群体的比较，获得自身的身份认同，在人们积极的争取这种认同的同时，社会认同意识也就开始出现，所以，社会认同最早是对群体成员身份的认同。泰弗尔（1978）认为，当某个体意识到他属于没有个组织或群体时，也就是他对该组织或群体认同时，那么组织意识和行为会对其态度、行为产生强烈影响。在社会认同理论中，群体是一个心理概念，表示依据个体认知，由群内成员依据某些共同特质而形成的组织，正应为这些特质的存在，使得该组织不同于其他组织，这些特质也是组织内成员与其他组织区分开的依据（Hogg，2006）。所以，当群体内成员认同组织，并且将自身标记的时候，也就完成了该群体内成员的自我定义（Tajfel，1978）。人们在选择心理概念上的群体时，往往会寻找与自身偏好相一致的群体，这些群体的特质与自身是契合的，寻找的依据来自于社会认同。可以看出，社会认同指的是群体内包含其他群体所不同的特质，这些特质来自于群体的描述，也是群体形成的基础，群体特质是共同特质，当群体内成员共享这些特质时，也就形成了自我概念（Tajfel，1978；张莹瑞、佐斌，2006）。当某个个体向加入到某个群体时，必须了解群体描述，构建相应的社会认同，以融入群体，对自我概念进行标示（Hogg，2006；周晓虹，2008）。

员工品牌认同理论发展自社会认同理论。组织认同是一种心理状态，是个体对群体的认知，当个体融入群体后，其自身的身份、特质与群体成员共享并形成一致，所以组织认同也表现为相似和忠诚，群体特质使得个人进行自我概念界定，既区分于外部群体又对所属群体形成归属感（王军、江若尘，2010）。雷克塔（Riketta，2005）认为，个体进行自我概念界定后，会寻找社会认同，加入某群体后，因群体内特质与自身偏好的一致使得个体与组织产生情感联系。在企业内部，因企业品牌内涵的统一性使得员工品牌认同成为组织认同。

社会认同理论可以帮助我们理解员工的品牌承诺，因为这本质上和群体成员的组织承诺是相同的。员工通过将品牌进行个体识别和增强品牌重要性感觉来承诺和接受品牌支持行为。事实上，品牌内化行为的目的就是通过员工行为对企业品牌进行拥护和支持。也就是说，品牌内化可以被看成为了培养一批对企业品牌有积极支持行为的员工，这些行为可以通过员工将其自身与品牌识别相融合来实现。

通过梳理文献，很多学者已经谈论了员工品牌支持行为如何识别。基于社会认同理论，员工品牌支持行为的识别结果就是组织内成员与组织外成员的不同行为感受（Ashforth & Mael，1989）。因此，员工的品牌识别能提升他们的差异化和唯一化，而这一切感觉都来源于他们作为公司品牌的一部分（Bergstrom et al.，2002）。

2.2　服务品牌建设中的员工角色

2.2.1　品牌

品牌作为公司最重要的资产能增加公司的竞争优势和利润（Kim，1990），这是因为品牌对于改善消费者忠诚度，增进品牌与消费者关系，促进品牌识别，坚定消费者购买意愿，减少消费者购买风险能起到至关重要的作用（Keller，1993）。品牌能够帮助消费者塑造他们对一家公司的品牌承诺和品牌识别（Simoes & Dibb，2001）。因此，品牌为公司提供了与其他公司在竞争中的差异化的来源。

凯勒（Keller，1993）认为，品牌是名称、术语、符号、设计，或者是它们的组合，目的是确定一个买方或卖方的货物和服务，并将它们与竞争对手区分开来。然而，雅各布斯（Jacobs，2003）认为品牌不仅仅是一个公司的标志或宣传语，而应该是公司的承诺。伯格斯特龙等人（Bergstrom et al.，2002）定义品牌为产品或服务的所有的感知功能和情感方面的总和，而品牌活动则是为了给产品或服务增加更高层次的情感意义的活动，从而为客户和其他利益相关者增加其价值。德（de Chernatony，2001）也提出品牌除了应有品牌特色外，更应该具有对客户来讲一个很重要的特征。

品牌是有形资产（功能属性）以及无形资产（情感属性）的总和，

并且这种组合造就了区别于其他品牌的品牌（Hankinson，2004）。也就是说，组合了功能和情感的品牌帮助企业为其品牌表现做出了承诺（de Chernatony & Dall' Olmo Riley，1999；de Chernatony & Drury，2006），消费者根据品牌的功能和情感与自身对品牌功能和情感的需求进行匹配，并最终做出购买决策（de Chernatony & Dall' Olmo Riley，1997）。因此，作为一个成功的品牌来说，能持续的以其承诺的方式向客户提供重要价值是非常重要的。

品牌管理理论大体经历了四个阶段，分别以产品品牌为中心，以企业品牌为中心，以顾客为中心和以品牌关系为中心（JoãoLouro & Vieira Cunha，2001；周志民、卢泰宏，2000）。通过文献检索发现，现有品牌研究主要还是以产品品牌研究为主，针对服务品牌的研究较少。但随着服务企业的快速发展及其品牌管理等现实原因，针对服务品牌的研究将越来越受到关注。

2.2.2　服务品牌

学术界对服务品牌概念的界定经历了从单纯的服务企业的品牌到品牌贯穿于整个服务活动的过程。

贝里等人（1988）认为对于服务行业的品牌而言，服务公司的名称就是品牌的名称；贝里（2000）则进一步指出，对于产品品牌来说，产品就是品牌的表征，但对服务品牌来说，服务品牌的表征来自服务企业本身，是无形体现，这种无实体特征使得服务业与产品无法一概而论，产品通过包装、表示和展示来传递质量，而服务业品牌的表征职能来自服务本身。

德等人（1999）对服务品牌做了探索性研究，他们对20位著名品牌咨询人士进行了调查后发现，服务品牌概念具有5方面特点：（1）虽然服务品牌和产品品牌在，但这仅局限于他们的品牌化原则，对于服务品和产品品牌的实施方法却存在很大的不同；（2）服务企业，特别是金融服务企业，对品牌在顾客选择和竞争中获得的比较优势方面没有足够的重视；（3）服务行业的特点决定了服务接触的不稳定性，也就造成了品牌价值传递的不稳定性，而如果员工与顾客的接触中能使得顾客产生愉悦感和满足感，那么这一情况就可能得到改善，那么就需要服务行业对员工提供培训，并进行有效的内部沟通；（4）成功的服务品牌必须具有长期稳定的顾客品牌关系和员工品牌关系，服务品牌承诺通过员工服务向顾客传递，从而实现了品牌的特定功能和情感价值；（5）从实践结果来看，大多数服务品牌缺乏与顾客的情感纽带，并且识别性不强。

赖利（Dall' Olmo Riley，2000）提出，在公司内部，服务品牌始于公司与员工的关系，在公司外部，服务品牌活跃于员工与顾客接触，所以，服务品牌是一个流程的概念，是一个从公司开始到顾客终止的整体流程。赖利同时强调，品牌差异化来源于品牌识别，而在公司内外部关系建立的过程中，品牌识别是其基础，要保持品牌识别，那么服务企业就必须保证员工与顾客接触过程中提供服务的一致性。

在服务品牌的特征上，麦克唐纳（Mc Donald，2001）认为，服务品牌与产品品牌是不同，服务品牌对于服务企业来说更具有特殊意义。强势的服务品牌可以提升企业的安全感，增强顾客对企业的信心和承诺。但在营销方面，这两者又是相通的，也就是营销对于服务品牌和产品品牌同等重要。

黄静（2005）通过研究，发现服务品牌具有以下特征：（1）一致性。产品的外观、质量等实物很好地体现了产品品牌的一致性，但是对于服务品牌而言却非常困难，服务提供的不稳定性使得服务的一致性变得非常困难，不同的员工会提供不同的服务，相同的员工在不同的接触点也会提供不同的服务，这些使得服务品牌一致性变得非常困难。（2）服务品牌被认知的长期性。从顾客认可到顾客参与，对于服务品牌来说是一个漫长过程，那么在激烈竞争中，组织唯有不断更新自己的特色，保持持续的顾客品牌关系，才能确立服务品牌在消费者心中的形象和地位。（3）服务品牌质量的独占性。服务行业员工通过给顾客提供服务产生品牌服务，所以在这一个服务行为过程中，就要求员工必须熟悉公司品牌内涵，形成服务规范，向顾客传递一致的服务，而这种服务规范则必须经过公司内部的培训、激励和沟通等形式传递给员工，这种服务规范一旦被顾客认可，则很难被其他模仿者完全学会，这也就形成了服务品牌的差异性优势。

所罗门等人（Solomon et al.，1985）认为服务营销相对于产品营销更注重于营销活动和营销过程。古梅松（Gummesson，1991）则提到，在服务营销中生产、配送和营销是同时发生的，并且这一过程是消费者在和公司员工的接触中进行的。可以看出，服务品牌是通过员工与消费者之间的直接互动来传递服务的承诺，而互动则成为了服务品牌的核心理念。因此，在服务营销的文献中，有人提出，相比于产品营销，服务营销面临更大的挑战（Grönroos，1978；Zeithaml et al.，1985）。

相比于产品的品牌承诺容易兑现，服务的品牌承诺兑现则是一个具有挑战性的课题，因为品牌的功能和情感价值的传递取决于员工和消费者之间的相互作用（de Chernatony & Segal－Horn，2001）。虽然很难提供功能价值，但服务企业可以使用其品牌的情感价值在一个高度竞争的行业使自己区别于其他企业。能够成功地使自己区别于其他企业对于品牌成功来说非常重要（Aaker，2003），特别是在服务业，因为服务本身很难实现差异化。贝里（2000）提到，那些具有强大品牌的服务企业是通过他们自身品牌的特质来保持这种差异化。因此，就服务品牌而言，通过其情感价值而不是功能属性实现差异化是更好的选择，同时，这种情感价值可以通过员工和消费者的互动传递给消费者（de Chernatony，Harris & Dall' Olmo Riley，2000；Onkvisit & Shaw，1989；Zeithaml & Bitner，1996）。

首先，服务是种表现形式或一种体验，它是无形性的，所以消费者很难对其进行价值评估（Zeithaml & Bitner，1996）。德和麦克唐纳（1998）也意识到，因为服务有限的有形属性，使得它很难将自身的品牌价值传递给消费者，所以品牌化在服务企业中显得更加重要。其次，在某一次服务接触中，服务提供者通常被认为是服务本身（Bateson，1995），这是因为生产和消费是密不可分的。最后，服务的异质性特征使得它难以实现标准化的服务，因为服务性能高度依赖于提供服务的人（Zeithaml & Bitner，1996）。

尽管对于产品或者服务来说，品牌的概念基本是相同的，但由于在品牌活动进行时的差异，使得服务品牌明显差异于产品品牌。服务品牌和产品品牌一样，都具有相同的外面定位，例如识别市场机会、细分市场或者定位品牌等。然而，在品牌化过程中，需要员工参与就使得服务品牌化更需要内部定位（de Chernatony & Segal‑Horn，2001）。在传统营销中，以客户为中心的营销方法更专注于外部品牌建设的过程（Zeithaml & Bitner，1996）。然而，服务行业中员工的重要性使得这种只专注于外部品牌定位的方法发生了改变，大家更重视同时兼顾外部和内部平衡的营销方法。所以，对于服务品牌化而言，更重要的是要有内部和外部的品牌定位。

莱维特（Levitt，1960）经过研究，提出了营销短视的两种类型。第一种类型就是营销过度集中于企业内部的战略，第二种类型是高度以关注消费者为中心。这两种类型都会造成营销短视行为。通过对相关文献检索发现，学者们对如何达到内外部的平衡进行了大量研究。通过梳理文献发现，特别在服务行业，学者们一个基本的共同观点是，企业员工要参与到企业品牌化过程中，员工围绕企业的品牌承诺向消费者提供一致的高品质的服务，使得企业品牌承诺的外部努力，例如广告，能够在对消费者品牌体验中形成持续的影响（Burmann & Zeplin，2005）。

服务行业的品牌化对于其增加差异性和发展竞争优势都有极其重要的作用（Papasolomou & Vrontis，2006）。道尔（Doyle，1989）认为要建立和维持一个优质服务是很困难的，因为这主要取决于员工的态度，但它同样也是难以复制的。所以，在服务行业，品牌内化，并且建立一个强势品牌就显得越来越重要（Sharp，1995）。

酒店作为标准的服务行业，已经意识到品牌内化并且建立强势品牌的重要性。不仅仅是连锁酒店，就是独立的酒店也正在尝试建立并形成与其他酒店的差异性（Hales，1997）。品牌化对于酒店识别是最有效的方式，它能够使得酒店赢得竞争优势，并且在与其他酒店竞争过程中脱颖而出（Prasad & Dev，2000）。所以，酒店管理层开始关注员工哪些对消费者的服务行为对于其品牌成功具有积极作用（Samli & Frohlich，1992）。

除了酒店行业，航空公司也对品牌内化越来越重视。大部分成功的航空公司具有一个共同点，就是进行了品牌内化。通过对员工沟通、聘任、社会化和训练，使得员工能以客户需求为导向，并且建立了自身对品牌的承诺（Appelbaum & Fewster，2002）。所以，航空公司就可以在消费者头脑中形成它的品牌形象和品牌识别。对航空公司而言，一个成功的品牌形象能够使得它从竞争对手中脱颖而出，并且能与乘客间建立联系。在美国，西南航空公司是成功的航空公司中的一家，它的成功就得益于它的竞争优势，而这个优势就是通过员工行为将公司形象牢牢印入了乘客的脑海中（Miles & Mangold，2005）。

随着品牌化对员工与消费者互动越来越深的依赖，员工态度和行为对于一个成功品牌来说也越来越重要，服务企业已经把注意力转移到了品牌内化行为上，以进一步增强员工的品牌态度和品牌行为。服务企业的管理者已经意识到，员工是企业品牌对外展示的关键，因为员工在品牌向现实转变的过程中扮演了一个非常重要的角色。

2.2.3　服务品牌建设中的员工角色

服务型企业已经意识到：企业品牌的成功主要依赖于员工与品牌和消费者的互动。也就是，一个品牌主要依赖于当消费者与品牌互动时，员工如何很好地满足消费者的期望。在产品品牌中，产品是品牌，但在服务行业品牌中，企业和服务提供者是品牌化的（Berry & Lampo，2004）。所以，这里的研究的焦点就从产品转向了提供服务的人。

贝里（2000）认为，消费者在其服务体验的基础上形成了对品牌的自己的理解。因此，在消费者与服务提供者之间的互动之中，消费者心目中形成了品牌的特殊含义。在员工给消费者服务过程中的这种互动被认为是真理时刻（the moment of truth）（Gummesson，1991）。在员工与消费者接触的无意识的服务过程中就会形成不可逆的真理时刻，而这一时刻则会使消费者对服务质量的感知增强或者减弱（Carlzon，1987），因此，当服务提供者和消费者互动时，真理时刻是服务成功交付的重要组成部分。此外，它还是影响消费者未来购买行为及对服务提供者态度的营销机会中的很重要的一点（Gummesson，1991）。

特别是在高接触性的服务中，员工通过他们的表现、外观、行为、谈话及与消费者的互动过程来影响真理时刻（Joseph，1996）。在员工和消费者接触服务中，消费者对品牌形象的形成高度依赖于员工的服务态度和服务动机（Bowen, Chase & Cummings, 1990）。因此，专注于员工行为和客户体验，对于品牌计划有着非常重要的作用。公司品牌内化战略将能够很好地解决这些问题，因为公司员工必须了解公司品牌理念是什么。而正是由于一线员工需要与消费者互动，所以在服务企业中，员工内部参与到公司品牌建设中就显得尤为重要（de Chernatony, Drury & Segal – Horn, 2003）。

在酒店行业的品牌化建设中员工也起到重要作用。由于员工在员工—消费者互动中的影响作用，员工的行为和态度在酒店中就显得非常重要（Teng & Barrows, 2009）。员工与消费者之间的互动在酒店业中扮演着重要的角色，不论在就餐还是在住宿过程中，员工与消费者在服务传递和消费中都是互相影响的（Susskind, Borchgrevink, Brymer & Kacmar, 2000）。如果员工了解品牌，并对品牌有积极的认知，那么就很有可能对消费者有一个很高的品牌表现（Tsang, Lee & Li, 2011）。菲茨杰拉德（Fitzgerald, 2004）研究发现，很多成功的酒店早就开始通过让他们的员工参与到品牌行动中，来教会他们怎么成为酒店的品牌代言人。这篇文章还指出，在消费者把酒店的品牌承诺融入到生活的过程中，酒店员工扮演了极其重要的中间触点的角色。

除了酒店和餐厅，航空公司的员工在影响消费者对服务的评价中扮演了很重要的角色（Street, 1994）。弗罗斯特和库马尔（Frost & Kumar, 2001）研究发现，航空公司员工在其与航空公司乘客互动过程中，会对乘客对航空公司服务质量的认知产生正面或负面的影响。因此，对于交通或者酒店行业，如何让员工参与到品牌化建设中，并且根据公司的品牌承诺对其行为进行调整就成为了一个非常重要的课题。

在服务行业，员工对于消费者如何看待公司品牌和公司起着巨大的影响，因为他们作为品牌的名片代表的都是品牌内部和外部特征的一部分（Balmer & Wilkinson, 1991; Hartline, 2000; Schneider & Bowen, 1985）。员工与消费者的互动形成了消费者对于服务提供者的服务体验（Bettencourt, Brown & MacKenzie, 2005），而消费者对于员工服务的独特体验则形成了消费者对于不同的服务提供者的差异化的基础（Booms & Nyquist,

1981）。正是由于服务行业员工具有定位本公司品牌的机会（Samli & Frohlich，1992），所以，员工就成为了服务行业中公司竞争优势的来源（Bharadwaj，Varadarajan & Fahy，1993）虽然员工是服务行业中公司竞争优势的来源，但威尔逊等人（Punjaisri & Wilson，2007）认为，员工也是服务行业最大的挑战。这是因为，由于员工的行为和态度的不同，就导致了服务传递过程变得极其脆弱。因此，员工行为对于能否为消费者提供一致的品牌承诺，并保持公司形象，起到至关重要的作用（de Chernatony & Segal - Horn，2003；Harris & de Chernatony，2001；Vallaster & de Chernatony，2005）。由于员工在向消费者传递一致性品牌承诺过程中扮演了极其重要的角色，所以品牌内化在理论和实际中都受到了重点关注。

2.3　员工品牌内化

2.3.1　社会科学领域中的内化

内化（Internalization）被认为是关于内在性的心理学术语，典型内化机制的亚类应该包括合并、内射和认同（柴斯克，1993）。弗洛伊德早在1915 年也对内化进行过讨论，并且对内化包括认同、合并和内射进行了明确的定义。弗洛伊德认为内化应该通过外部调节机制来完成。他在模型中提出的是"使内在化"（Internalize），这是一种内部的或主观的特征。摩尔和法恩（Moore & Fine，1990）简单地将内化定义为一种过程，这一过程通过合并、内射和认同三种方式，将外部组织的某些方面或者组织间的交互作用吸收纳入到组织中，并在组织内部结构中被代表出来。

1. 社会学领域中的内化

内化概念最早由法国社会学家杜克海姆（Dukheim，1956）提出，用来探讨人类发展的本质。内化概念认为，人的社会生活不是由天生的某种所谓基因特质塑造的，而是需要发现这种社会生活是否由社会构建以及多大程度上的构建。所以迪尔凯姆认为内化是社会意识向个体意识的转化。

社会心理学家维高斯基（Vygotsky）则认为，人类所特有的高级心理机能是通过社会的交互作用而产生，这一机能并不是人内部自发产生的。所以，自我认知的形成是在人们的互动过程中，人们通过了解别人眼中的"我"来进行认知，这是一个从别人到自己的"转化"过程。

家庭社会化（Family Socialization）在个体的社会意识内化过程中，起到了非常重要的作用。家庭社会化中，家长角色包括要求性和响应性两个维度，根据这两个维度，家庭社会化可分为四个类型，权威型、怠慢型、独裁型和纵容型（Darling & Steinberg，1993；Smetana，1995；Bautnnnd，1971）。兰博等人（Lambom et al.，1991）认为社会由个体组成，个体不同的内化特征造就了社会的多样性，而个体的内化特征则受到家长角色及家庭社会化类型的影响。罗戈夫（Rogoff，1990）研究发现，个体内化过程实际是在父母的"引导下参与"的过程，而在这一过程中去分享参与群体和资源的价值观、理念，等等。

家长或者老师，都充当了"社会代理人"的角色，个体在这一角色提供的自主权支持和清晰指导下，成长为社会人（Asakawa，2001）。康特等（Castelfranehi & Conte，1996）指出，多重的社会化代理人系统是社会系统建立的基础，社会化代理人系统包含三个层次，第一次层次，个体最亲近的人；第二层次，个体所处的组织；第三层次，个体所处的阶层。

社会群体中的知识是显性知识，其形象并且具体，而这些知识融合之后则会产生新的显性知识，组织内员工将这些显性知识吸收、消化成自身的知识后，就形成隐性知识。所以，野中郁次郎指出，"内化"指将显性知识转化为隐性知识。人们积累知识的过程中进行内化，人们通过内化不断提升自身能力和对世界的认知水平，使心理由低级向高级发展，并不断提高人们的实践活动水平。所以，内化产生了人所特有的高级心理机能。

2. 心理学领域中的内化

心理学将内化定义为外部的规范、价值观和目标转移至个体内部的过程。德西和莱恩（Deci & Ryan，1975）提出的认知评价理论（Cognitive-evaluation theory）中，主要讨论了外在诱因与内在动机的关系，以及个体的内化如何受内在动机所引导。德西和莱恩（2002）又进一步提出了自我决定理论，该理论认为自我决定不仅是个体的一种能力，它还是个体的一种需要。而个体的内化过程需要三种需要来进行促进，能力需要、自我需要和关系需要。内在动机对内化具有积极影响，也就是，内化动机越大内化程度越好（Soenens & Vansteenkiste，2005；Vansteenkiste et al.，2004），工作绩效（Vansteenkiste et al.，2004）和行为毅力（Vallerand et al.，1997）。

3. 经济学领域的内化

内化在经济学领域中的概念并不同于其他领域，经济学通过对外部性理论的探讨提出内化概念。剑桥经济学家皮古（Pigou）在其名著《福利经济学》中，提出了"内部不经济"和"外部不经济"的概念。外部不经济（external diseconomies），即负的外部性，其结果是市场无效率或效率低下，加剧了环境污染和资源浪费，增加了社会成本。原因是，其内在经济机制通过缩减环境治理成本，或浪费资源将本来该由自身承担的成本转移到由全社会承担，造成外部恶性循环积累，但其自身却可以从中获得经济利益（刘友芝，2001）。学者们认为通过"外部经济内化"可以解决外部不经济。外部经济内化指外部性制造者承担自身造成的负的外部不经济，也就是如果其私人成本大于社会成本，那么，这种负的外部性将由其自己承担。

由此可见，经济学中的内化主要用来探讨资源配置效率问题，内化手段是用来解决市场机制失灵所带来的外部性经济问题。

2.3.2 员工品牌内化

在服务行业，随着员工重要性的普遍认可，内部营销作为能提供一致性高品质服务质量的重要性也得到广泛认同（Papasolomou & Vrontis，2006），这被认为是能为消费者提供超出其预期服务质量的战略工具（Lings，2004；Papasolomou - Doukakis，2003）。拉菲克和艾哈迈德（Rafiq & Ahmed，2000）将内部营销定义为，内部营销是一个有计划的努力，它利用市场营销的方法对员工进行营销，通过克服企业阻力以进行变化、调整、激励、协调和整合员工对企业和职能战略的有效实施，以通过培养积极的、以客户为导向的员工的过程来使顾客满意。也就是说，内部营销就是通过培养企业内部满意度高的、积极的员工来向外部消费者提供一致的高品质的服务。内部营销要达到的目的，就是要有所有的员工以服务为导向，为消费者创造价值的活动（George，1990）。品牌内化是一种整体的做法，目的是对企业组织的不同功能进行整合，在相关的研究文献中，品牌内化也因为能有效地提高服务质量和客户满意度而被学者重视（George，1990）。

从另一个方面来讲，通过对内部营销理念演进的文献进行检索可以发现，品牌内化是一个相对较新的概念。由于品牌内化更关注品牌化过程中员工的作用，所以它是内部营销活动的结果（Ahmed & Rafiq，2002）。根据伯格斯特龙等人（2002）的研究，品牌内化包含三个方面：通过组织内部沟通，对员工进行有效的沟通；通过组织进行的一系列培训，使员工坚信品牌的价值；将品牌的本质成功地融入到企业内任何工作当中。这么做的主要目的就是重视员工所起的作用，特别是在服务行业品牌化过程中，以便于向消费者成功的传递企业的品牌承诺。因此，品牌内化就是根据品牌要求规范员工行为，从而使得品牌承诺对消费者转化为现实，而员工正是创造和提供服务的人（Tosti & Stotz，2001）。

在酒店行业，威尔逊等人（2007）认为顾客对品牌体验的一致性是至关重要的，而这一切都需要通过根据品牌需要规范员工行为从而为顾客提供一致性的服务来实现。因此，完全有必要着眼于组织内部进行品牌内化的工作，进一步在企业内部使品牌清晰化，使员工参与到品牌活动中，使员工成为把品牌承诺转化成他们行为的人（Free，1999）。

对于酒店行业，帕埃斯如等人（Punjaisri et al.，2008）发现品牌内化活动会影响到员工的态度和行为，进而影响到品牌承诺。同时，品牌识别和品牌承诺提高了员工的品牌表现。这篇文章进一步指出，在品牌承诺传递过程中，员工扮演着消费者—品牌关系构建的驱动角色。如果员工在每一次与消费者的服务过程中都能够提供一致的品牌承诺，那么员工就会给品牌建立起品牌信任和品牌承诺。

特别对于航空公司来说，大部分航空公司都进行品牌内化，以保证他们的员工能以顾客为导向，并通过招聘、沟通、社会化和培训建立起员工的品牌承诺（Appelbaum & Fewster, 2002）。也就是说，航空公司与员工间建立一个心理契约，以增强他们对公司对品牌的承诺（Miles & Mangold, 2005）。结果就是，员工作为航空公司品牌的代表能向顾客进行品牌承诺的传递。乘客通常希望航空公司能照顾到他们的具体需求，并且能提供对应的服务（Sultan & Simpson, 2000）。因此，品牌内化对于航空公司就意味着，公司支持员工与品牌建设相关的行为，从而更好地为他们的乘客服务。

保险行业作为高接触性的服务行业，品牌内化也得到了极大的关注。朱克（Zucker, 2002）研究了英国 Pearl 保险公司的内部品牌化案例。品牌内化建设在服务行业尤其重要，Pearl 保险公司认为企业的品牌建设中，公司的每个员工都应该加入其中，并且要特别关注那些直接与顾客接触的一线员工，他们在品牌建设中意义重大。研究发现，实施了品牌内化后，Pearl 公司大幅提升了员工满意度，员工满意度几乎翻倍，同时显著提升了员工的品牌理解和沟通，员工在业务承诺等方面也表现积极。霍华德（Howard, 2000）通过研究发现，在保险公司内部，为了激励员工，开拓分销网络，可以采取适当的方式，以员工能接受的价值观来塑造品牌。所以，企业进行品牌知名度塑造的过程中可以看出，员工在服务品牌建设中至关重要，员工通过为顾客传递品牌承诺，并最终建立起顾客品牌信任。陈晔等（2011）通过对国内一个著名保险公司进行纵深案例研究，发现了服务品牌内化的现象，这说明我国的保险公司也开始重视品牌化建设，并且也意识到服务行业品牌化建设中品牌内化的重要性。

品牌内化导致的一个结果就是，大家从关注品牌形象改成品牌识别（Harris & de Chernatony, 2001）。凯勒（2003）定义品牌识别为，公司想要创建或维护的一套独特的品牌联想；品牌形象为消费者对品牌的认知。不管是品牌识别还是品牌形象都会影响消费者的品牌行为。品牌识别不仅仅直接影响消费者的品牌行为，还会影响到消费者如何对于特定的品牌通过识别转化成他们的品牌形象（Keller, 2003）。因此，品牌识别是指企业如何渴望被感知，而品牌形象是指他们是如何被感知的（Sääksjärvi &

Samiee，2011）。

为了发展强势品牌和增进品牌—消费者关系，企业需要创建一个容易识别和信任的品牌（Burmann & Zepin，2005）。因此，对于公司来说，建立和维持一个一致的品牌识别从而形成品牌信任是非常重要的。品牌形象是消费者如何感知品牌，品牌识别是员工如何感知品牌并且形成品牌的独特性。从关注品牌形象到关注品牌识别的转变，使得公司员工必须对品牌价值形成清晰的认知，他们才能表现出与这些价值观相一致的行为。

品牌内化的目的就是确保员工将对品牌信息的拥护转变为消费者和其他利益相关者的品牌现实（Punjaisri & Wilson，2007），所以员工行为应该与品牌拥护一致起来（Tosti & Stotz，2001）。因此，服务行业已经开始培育内部的品牌活动，以使其员工的行为与预期的品牌识别相一致（布尔曼和赞贝林，2005；de Chernatony，2001；Keller，1999；LePla & Parker，1999；Mitchell，2002；Papasolomou & Vrontis，2006）。目的就是通过员工对品牌的认同，增强员工的品牌支持行为和品牌承诺（Burmann et al.，2009）。

品牌内化对于服务行业来说意义重大，因此服务行业如何进行品牌内化？哪些特征可以有效驱动品牌内化？员工的态度和行为包含哪些维度？厘清这些问题显得非常重要。通过文献检索发现，影响品牌内化的驱动因素主要有以下几个方面：一是员工品牌培训，二是员工品牌激励，三是员工品牌沟通，四是品牌领导，五是工作环境、组织支持等（de Chernatony，1999；Chong，2007；白长虹等，2011，2012）。这些研究大都运用了社会学知识，从组织内部社会互动的角度来研究员工品牌内化的过程。

1. 品牌培训

品牌培训作为品牌内化驱动因素之一，已被大多数研究者注意到。关于品牌培训的研究主要集中在培训目的、培训方式和培训内容上。在培训目的上，根据社会认同理论，公司对员工进行培训，使员工由个体变成了组织人，员工个体社会化的这一过程促进了员工对于品牌的认同，也就是增加了个人识别与品牌识别的契合度，不仅如此，培训还显然为员工提供了学习机会，增强了品牌知识（Papasolomou & Vrontis，2006）。但现在大部分服务行业的培训侧重于技术层面的指导，也就是更多的是业务培训，而把培训中最重要的部分，组织成员分享一致的价值观被忽略掉（King & Grace，2008）。在培训方式上，现有研究普遍认为，品牌培训需要针对员工个体进行培训，培训目标应该更有针对性，培训内容也应该更个体化，同时，在培训过程中，不同的培训方式影响也不同，例如小组信息共享、有效的信息沟通等方式能够使员工更了解公司品牌内涵，通过培训，员工也更能清楚认识到公司品牌建设的重要性以及知道传递品牌承诺的重要性。瑟鲁姆等人（Papasolomou & Vrontis，2006）研究发现，公司应该设立培训计划，形成教育体系，并作为培训的重要工具，在培训中，面对面的案例演练在帮助员工明确以什么样的态度去面对顾客，以什么样的行为去服务顾客方面具有重要作用。浮士德和贝特格（Faust & Bethge，2003）通过对 QSP 公司[①]的培训内容分析后发现，QSP 的培训是一种全方位培训模式，包括团队讨论、模拟现实情景等，而 QSP 将其称为品牌"360 度培训计划"。在培训内容方面，更多以案例分析的方式呈现。针对英国 Pearl 保险公司内部品牌建设的成功案例，朱克（2002）强调打破部门阻隔的培训，也就是通过将不同部门的员工纳入一个培训团队中，进行跨功能团队的培训，这样更有助于员工加深对企业的理解和增强部门间协作。阿萨略等人（2004）研究了西班牙 BBVA 银行的培训体系，发现它包括五个部分：我们在哪里；我们为什么在这里；我们可以到哪里；我们怎样到那里；我们是否到了目的地。

2. 品牌激励

一般意义上，激励可以分为物质激励和非物质激励。对员工进行品牌激励，能够增加员工进行企业品牌建设的动力，增强其进行建设的积极性，从而使员工品牌建设行为更富有成效。瑟鲁姆等人（2006）对英国零售银行的研究显示，物质奖励对员工很有效果，但与后台部门员工相比，对一线员工进行金钱奖励会收到更大的效果。与之相反，越来越多的研究表明，非物质激励的作用正变得越来越重要。在一个企业中，如果员工对企业有很强的所有权感，也就是把自己当作企业的主人的时候，那么

---

① QSP 公司为美国《读者文摘》集团的一家下属公司。

他会更加积极、热情地投入到工作中去（Bergstrom et al.，2002）。同时，与之相对的，员工对物质激励的需求可以通过使用非物质激励满足员工的心理需求来降低（Howard，2000；Bergstrom et al.，2002）。韦伯斯特（Webster，2003）则认为激励效果与管理层密切相关，高层管理者的态度将从很大程度上决定着激励的效果，也就是如果因管理层原因奖励承诺无法兑现，或者当高层管理者认为公司品牌建设中对于品牌的支持或者奖励应该采取某种措施来进行，而员工的诉求却与之有偏差，那么这种奖励则会引起与激励相反的效果。韦伯斯特还指出服务行业普遍存在着外部营销和内部营销的不平衡，即注重广告等外部营销而忽略了对员工的内部营销。纳德（Nader Tavassoli，2007）针对四种不同的员工类型，品牌拥护者、品牌支持者、品牌中立者和品牌反对者，提出了不同的激励方法。对于品牌拥护者，企业应该进一步加强其品牌意识，并引导其成为能影响其他员工的意见领袖；对于品牌支持者，企业应通过各种方式巩固他们的品牌意识；对于品牌中立者，企业则需要加强沟通以转化他们的品牌意识，增进其品牌理解与品牌支持；对于品牌反对者，企业则需要做更多的工作，例如培训，激励等，以转变员工的品牌观念。

3. 品牌沟通

员工品牌沟通是一个相互的过程，它有助于员工在沟通过程中加深对品牌理念的理解。威尔逊等人（2007）通过对泰国几家饭店的管理层和员工的调研发现，内部沟通与员工的品牌承诺之间，内部沟通与品牌绩效之间，都有着非常显著的联系。研究发现，内部沟通越充分越有效，员工品牌承诺和品牌绩效就越好，同时，品牌承诺作为中间变量，很好地解释了内部沟通对品牌绩效的影响。汤姆森等人（1999）发现，内部沟通与员工对品牌的情感投入成正比，内部沟通积极影响着员工的品牌情感投入。崇恩（Chong，2007）指出，沟通是一个双向交流过程，既包括自上而下的指导，也包括自下而上的反馈，通过有效沟通，能够使组织内部形成统一的认识，达成统一的目标。古鲁尼（Grunig，1995）则把沟通看成解决问题中的思想和语言的碰撞，在这一过程中形成了沟通的有效内容，从而使得组织内部在意识上、行为上发生变化并达成一致。德等人

（2005）把组织看成一个小的社会，在这个社会中的互动过程就是沟通，组织成员通过这种沟通形式建立其情感承诺和知识统一。针对内部沟通，海恩斯等人（Haynes et al.，1999）强调员工品牌沟通要避免信息负载。雅尼夫和法卡斯（Yaniv & Farkas，2005）则指出内部沟通信息与外部营销信息的一致性，同时，沟通要随着组织内外部的变化而进行调整等（Mortimer，2002）。

4. 品牌领导

众多学者研究发现，在企业品牌内化过程中，组织领导层作用至关重要（Wieseke et al.，2009；Morhart et al.，2009）。伯恩斯（Burns，1978）认为组织内部存在两种领导风格，即交易型领导和变革型领导

莫哈特等人（Morhart et al.，2009）研究发现，不同的领导风格会产生不同的后果，对于特定品牌的交易型领导来说，这一类型的领导使得员工需要满足程度弱化，在把品牌角色认同向自我整合中使意愿进一步削弱。而变革型领导会参与到品牌内化中，通过自身影响品牌内化过程，进而影响到员工，在品牌建设中也就进一步增强了员工的品牌态度和行为。

威斯克等人（Wieseke et al.，2009）通过整合领导理论等对员工品牌行为的作用机制，对领导风格进行了分析，研究发现在领导特征影响员工品牌内化程度的同时，员工对领导行为越信任，员工品牌内化就越好，反之就越差。迈尔斯和曼戈尔德（Miles & Mangold，2004）通过研究指出，领导行为在企业品牌内化机制中是关键性的驱动因素，同时也积极影响了员工品牌支持行为的建设。

尤克尔（Yukl，2008）指出，员工喜欢以领导为榜样，他的态度和行为会受到领导的影响。当领导的影响力足以改变他的抱负、愿望和动机时，他才乐意去接受领导的指导和组织的目标。尤克尔发现相对于交易性领导，变革型领导更会使员工信任，从而使他们有更积极的品牌表现行为。

德等人（2005）通过构建模型探讨了在全球性的服务品牌建设中领导的角色，在模型中，领导通过塑造品牌愿景和运用社会交互帮助员工共享品牌理解的过程，包括平衡认知沟通情感差异，进而形成品牌相关行为，打造成功的服务品牌，如图 2－2 所示，该模型探讨了领导在这个过程中的作用。

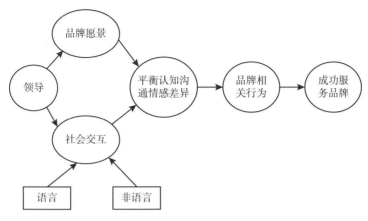

图 2 - 2　领导在服务品牌建设中的作用

资料来源：Vallaster, C. & de Chernatony L. . Internationalisationofservices Brand：The Role of Leadership during the Internal Brand Building Process. Journal of Marketing Management，2005，21：182 - 203.

佐卡罗等人（Zacarro et al.，2001）认为，领导应能通过协调员工与组织之间、员工与员工之间、员工与顾客之间进行品牌沟通，进而使不同思维方式的人们能够团结协作。那么品牌领导就是领导通过自身专业的和情感的影响力，策划沟通方案，以达到使内部员工共享组织品牌价值和企业文化的目的。研究认为，如何区别一个成功服务品牌的重要因素就是该服务企业是否有一个非凡的领导。

在组织内部，有效的领导层与员工的品牌沟通能够促进了解和信任，改善员工品牌关系，进而使员工对企业满意，对品牌了解和对领导信任。德怀尔等人（Dwyer et al.，1987）认为，在组织内部，信任是相互的积极预期，是对彼此许诺的可靠，是稳定关系的维系纽带。信任双方很容易就内部认知和目标达成一致，在品牌内化中则表现为，员工对品牌建设的支持和拥护。克罗斯比等人（Crosby et al.，1990）研究发现，满意和信任是关系质量的两个重要维度。由此可见，品牌领导对于促进员工品牌内化起着关键性的作用。

5. 其他因素

很多学者通过对服务行业研究发现，实现组织承诺的因素不只比较品牌培训、品牌激励等，其他因素，例如工作环境、协作团队以及组织信息等也会显著影响员工完成工作任务和责任情况（King & Grace，2005）。

我国学者对品牌内化的研究主要是基于对相关理论的实证验证上和内化过程机制上。陈晔等（2011）通过对5个案例企业的调研，得出了品牌内部营销的构成要素为品牌培训、品牌沟通和品牌贡献激励，发现品牌内化的结果体现为员工的品牌品牌意识和品牌行为，并构建了理论模型，如图2－3所示。通过对113家服务企业问卷调查研究发现，与品牌培训相比，品牌沟通和品牌贡献激励对员工品牌内化参与意识和行为影响显著，品牌沟通还作为品牌激励影响品牌内化的中介变量，更好地对员工品牌内化行为进行了解释。

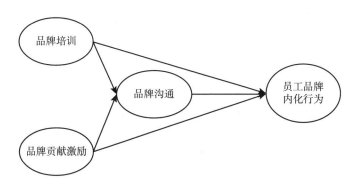

图2－3 品牌内部营销要素与员工品牌化行为关系研究模型

资料来源：陈晔，白长虹，曹振杰. 内部营销对员工品牌内化行为的影响关系与路径研究——以服务型企业为例［J］. 管理世界，2011，06：890－897.

李辉等（2010）研究发现，驱动员工品牌内化的要素包括品牌形象、品牌定位和工作特征三个方面，员工品牌内化体现在员工品牌态度和员工品牌行为两个层面上。概念模型如图2－4所示。

邱玮等（2012）基于员工视觉探讨了服务品牌的内化过程，提出了认知、交换、关系三种内化机制，并通过实证研究发现，组织文化协同、组织内部沟通在三种机制中均起到了积极的作用；与品牌激励在关系机制中影响显著不同的是，品牌培训并没有显著影响；在交换与关系机制中高层领导参与有显著的影响。理论模型如图2－5所示。

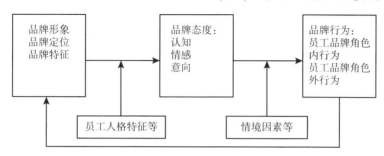

图 2 - 4　服务员工品牌内化及其影响因素的概念模型

资料来源：李辉，任声策．服务员工品牌内化及其影响因素的探索性研究［J］.上海管理科学，2010，08：87 - 92.

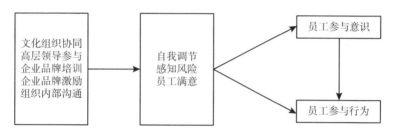

图 2 - 5　服务品牌内化过程理论模型

资料来源：邱玮，白长虹．基于员工视觉的服务品牌内化过程及其实证研究［J］.南开管理评论，2012，06：93 - 103.

2.3.3　员工品牌心理所有权

1. 心理所有权的定义及产生途径

为提高企业绩效，自 20 世纪以来，西方公司大都开始推行员工持股计划。然而，学者们通过对员工持股与员工态度和企业绩效的相关关系的实证研究却发现，结果并非一致。有的学者研究发现，员工持股，拥有企业所有权会提升其工作绩效，认为这种正式的所有权在改善员工的态度和行为方面具有积极正向影响作用，布奇科（Buchko，1992）就指出，员工满意、承诺与进行员工持股计划的企业的财务价值具有相关性。有的学者却通过研究发现，这两者并不具有相关性（Hammer，1980）。在此背景下，西方一些学者开始从心理学角度解释这一现象。皮尔斯等人（Pierce et al.，1991）认为所有权有两种形式，一种形式是员工拥有的正式所有权，另一种是员工的心理所有权，即员工内心感觉拥有的所有权形式。只有当员工感觉到对企业拥有所有权时，才会对员工态度产生影响进而影响到企业业绩，并且，员工的正式所有权也通过心理所有权对企业绩效产生影响。经过进一步研究，心理所有权是一个较为复杂概念（Furby，1978），蕴含个体认知和情感内涵，反映了个体对所有权目标物的认知、信念和价值观（Pierce et al.，2003）。基于心理学视角，皮尔斯等人（2001）将心理所有权描述为个体感觉所有权目标物的心理状态，其核心本质是"其拥有并心系目标的感觉"，其产生根源是空间感、效能感和自我认同。认为通过向个体提供空间（如舒适工作环境），目标物使得个体拥有强烈归属感；而在个体与空间环境的互动过程中，会产生自由效能感，从而驱使目标物和自我的紧密关联；并且通过所有权目标物的认知，有助于个体对自己重新认识，实现在个性、核心价值在团队、组织层面的认同，最终有效触发社会行为和心理认知，从而对企业绩效提升产生积极影响。

作为一种纯粹所有权效应（Peck，2009），心理所有权能够促使个体将所有权目标物视为自我的延伸，提高对所有权目标物的评价，提升对目标物的责任感（Buchko，1992）。与个体层面，将心理所有权视作拥有感不同，在工作群体情境下，心理所有权则通常视作基于共享的组织占有感，并在个体行为和心理信念中得以体现（Wagner et al.，2003）。在结合拥有感、组织感的观点，达因等人（Dyne et al.，2004）重新界定了心理所有权，认为所谓的心理所有权是指组织员工在对特定对象具有所有权的认知过程中所体验的心理现象和状态。并在此基础上，给出了"基于组织的心理所有权"概念，即当员工将组织或组织的某些部分（如合作团队、薪水待遇、职业规划）作为目标物，并产生心理所有权认知。

无论是个体认知层面还是组织占有感面向，仅是解决了心理所有权的概念、内涵及特点等问题，而对于"组织员工是如何认知心理所有权"这一问题缺乏明确的解析。在文献梳理的基础上，皮尔斯等人（2001）提出，把控目标物、深入了解和自我投入是组织员工认识心理所有权的三种主要途径。首先，在个体层面，把控目标物是指通过使用和控制目标物，将其视作自我的一部分（Prelinger，1959），导致个体对此物产生所有权感（White，1959；Rudmin & Berry，1987）；而在组织层面，通过向员工提供控制目标物的机会（如产品设计、专业培训），组织可以增强其对目标物所有权的认知；而一些组织因素，如过多的组织集权行为，则会降低员工对目标物实施控制的可能性，影响了员工形成心理所有权的积极性。员工对这些特定组织因素的可控性与其因这一因素所引起的所有权认知程度之间呈现正相关。其次，深入了解。研究表明，心理所有权认知和联系紧密程度不可分隔（Sartre，1969）。在个体层面，员工通过和目标物的联系，获得相关信息越多时，个体对其了解就越深，两者之间的关系就越紧密，所产生的所有权认知就越强烈（Beaglehole，1932）。在组织层面，通过向员工提供了解所有权目标物的机会（如岗位设置、合作团队、研发项目），组织可以让员工获得相关资讯，从而形成对组织管理、组织文化更了解，而使员工对其产生心理所有权感。最后，自我投入。在个体层面，员工通过脑力智力活动，将精力、情感、知识和技能投入其研发、创造的产品或服务中，实现心理上的自我延伸和个体成就感，使得自我与目标物融为一体，从而形成对该目标物的所有权感。在组织层面下，通过向员工提供接触、参与岗位、产品、顾客、项目等的自我投入机会，组织促使员工感受到所有权。并且员工自我投入到潜在所有权目标物的程度与其对该目标物的心理所有权认知程度之间呈现正相关（Pierce et al.，2001）。即对目标物的投入越多，员工的心理所有权感就会越强烈。

2. 影响心理所有权的因素

利用皮尔斯等前人对员工心理所有权的研究成果，国内外学者对影响员工心理所有权感知的因素进行了大量实证研究，但侧重不同。国外学者关注工作类前因变量；而国内则更多的围绕组织因素和个体因素展开。（1）工作类前因变量皮尔斯等人（Pierce et al.，2003）的实证研究表明，工作自主性、组织活动中的参与决策制定与心理所有权认知程度呈现正相关；技术常规性则与心理所有权存在负相关关系（Pierce et al.，2004）；但对工作自主性、组织承诺、工作环境结构与心理所有权之间的关系上，皮尔斯等人没有进行深入剖析。针对这一缺陷，布郎等（O'Driscoll、

Mayhew、Brown et al.，）学者进行了各自的实证分析，发现工作复杂性是心理所有权的前因变量，在工作环境结构与员工的组织公民行为和组织承诺之间（O'Driscoll et al.，2006）、在工作复杂性和销售绩效之间（Brown et al.，2014）、在工作自主性和工作满意及组织承诺等变量间（Mayhew et al.，2007），心理所有权感均具有中介作用。（2）组织因素。基于在旅游、餐饮、航空等服务业的实证分析，国内学者总结出组织变革、领导方式和组织支持感等主要组织类影响因素，认为在组织变革过程中，通过实施鼓励发起变革计划、沟通变革信息等方式，组织可以向员工提供把控目标物、深入了解组织的机会，从而增强员工心理所有权认知，降低优秀员工主动离职率（储小平等，2010）；并且在变革型领导影响下属进谏上司、进谏同事中，员工组织心理所有权具有中介效应（周浩等，2012）；而组织支持感及其三个维度（工作支持、价值认同和利益关心）与心理所有权之间存在显著的相关关系（杨连杰，2013）。（3）个体因素。国内学界则主要从人口统计学特征、员工个体特征来解释个体因素对员工心理所有权感的影响，认为职务级别（储小平等，2005）、企业家人力资本（马丽波等，2007）、员工年龄、婚姻状况和工作职位（董广振，2010）均与心理所有权认知强度存在正相关关系；作为自变量与心理所有权显著正相关。研究发现，对心理所有权水平有显著影响。而餐饮行业实证则表明，员工学历程度、工作年限与心理所有权感呈现负相关（杨连杰，2013）。

3. 心理所有权的作用结果

鉴于心理所有权的作用结果会对管理实践提供理论依据，国内外学者基于案例分析、实证研究等理论方法，进行了大量研究，发现心理所有权对员工的工作满意度、组织承诺、组织公民行为等工作态度、工作行为、社会心理都会产生影响，并且员工心理所有权感会受到角色外行为干扰（Pierce et al.，1991），两者之间存在显著正相关关系（Vandewalle et al.，1995）。并且基于心理所有权与组织公民行为间的正相关性（Dyne et al.，2004），利用心理所有权能够预测工作满意度和组织承诺等工作态度，从而为管理者在实践中实行差异化管理提供理论依据（Mayhew et al.，2007）。

国内学者立足中国国情，结合中国企业文化背景和服务行业特征，对心理所有权作用的结果进行了实验量检验，丰富、扩展了心理所有权理论研究，发现员工心理所有权与组织公民行为（吕福新等，2007；陈浩，2012）、工作投入和组织认同以及工作绩效（李利玲，2013）之间显著正相关；而与员工离职倾向存在负相关关系（黄海艳等，2009）。

　　心理所有权中目标物的内涵非常广泛，可以是有形的如产品，可以是无形的如品牌（Avey et al.，2009）。据文献检索结果，目前心理所有权领域的研究主要集中在组织心理所有权，对更为细化领域的所有权，如面向品牌建设的员工心理所有权鲜有研究。随着服务行业的发展，服务企业竞争加剧，服务企业越来越意识到，品牌战略是组织竞争策略重要核心。

　　而服务品牌作为企业价值、文化的内化和外延，是品牌战略设计、实施的关键环节。作为品牌承诺（de Chernatony，2009；Brodie，2009），服务品牌的传递和兑现则主要依赖于员工，尤其是一线员工的工作态度和行为。员工与服务品牌之间密切的关系，是形成品牌心理所有权的基础。所谓品牌心理所有权，是指员工对组织品牌，产生所有权认知的心理状态，反映了员工将企业品牌，或者服务品牌视作自我品牌的程度（张辉等，2012）。

　　借鉴上述学者对心理所有权概念的描述，笔者认为，心理所有权是指，为了使员工对组织品牌产生所有权认知的心理状态，反映了员工将所属组织的公司品牌（或服务品牌）视为自我品牌（我的品牌）的程度。而作为心理所有权的一种演化形式，品牌心理所有权则具有心理所有权的一般特征。根据皮尔斯所提出的员工形成心理所有权的三种主要途径（把控目标物、深入了解和自我投入），组织可以通过组织变革、领导方式调整、组织支持等活动，为员工提供与品牌互动的机会，建立员工与品牌间的密切关系，引导员工将品牌转变为心理所有权目标物；并借助绩效考核等制度，促使员工自身对品牌更加投入，对品牌更加的了解，逐渐形成员工的品牌心理所有权。品牌心理所有权对员工的个性、价值观、归属感、自我效能和自我认同的需要进行了满足，从而员工会对品牌回报以心理所有权。并且激励员工对品牌表现出积极的工作态度；实现组织品牌到自我品牌的延伸，进而促使员工积极参与品牌相关活动，通过角色外行为维护品牌形象。

2.3.4 员工品牌承诺

服务行业的员工能使品牌深深地注入顾客的脑海中，并通过向顾客品牌价值的传递来兑现品牌承诺。如果在服务过程中，员工行为能与品牌价值保持一致，那么员工就能将品牌价值很好的演绎和实现（Jacobs，2003）。从这个意义上来说，服务行业需要做的一个非常重要的工作就是使员工的行为与品牌保持一致，以使员工承诺于自己组织的品牌并且乐意与人分享（Bergstrom et al.，2002）。如果在服务过程中，员工能很好地理解组织的价值和自身的角色，那么他们就会更乐意承诺去向顾客传递公司的品牌（Heskett，1987）。

在公司进行品牌建设中，员工品牌承诺是一种情感依恋，这种情感依恋来源于组织承诺中的情感承诺，组织承诺中的情感承诺一般被定义为组织成员认同组织的某种特质而卷入组织，在组织中组织成员参与组织社会交往的程度，情感承诺是一种利他的心理倾向，是一种积极的心理行为（Park，2006）。众多学者已经研究证明，组织承诺能够使员工产生有利于组织的角色外行为。通过对前人基于组织承诺的研究、借鉴，并且在深度访谈的基础上，布尔曼等人（2005）将员工品牌承诺定义为，员工品牌承诺是员工对品牌的心理依恋程度，它会影响员工为实现品牌目标所付出的额外努力的意愿，也就是会影响员工品牌公民行为。布尔曼还从理论上提出了员工品牌承诺的三个维度，分别是遵从、认同和内化。张辉等（2011）通过研究发现，员工对品牌识别的内化主要通过组织社会化过程实现。

布尔曼等人（2005）通过文献梳理和对服务企业的访谈得出了品牌承诺的三个维度，并未对其进行实证检验。布尔曼等人（2009）对其所提出的品牌承诺的三维度进行了进一步的研究，通过实证检验，发现品牌承诺的三个维度中认同和内化可以合并为一个维度，而由于遵从维度不显著，所以，品牌承诺成为了一个单维度的构念。

综上所述，本书采用布尔曼等人（2005）提出的员工品牌心理所有权的概念，即员工品牌承诺是一种心理倾向，它表示了员工对品牌的心理依恋程度，这个程度会在很大程度上影响员工为实现品牌目标所付出的额外努力的意愿。

2.4 员工品牌支持行为

2.4.1 品牌内化和品牌支持行为

如果企业不能把品牌营销给员工，那么就会失去品牌信息传递的基础，顾客接收到的品牌信息就不完整，甚至不准确（Angela Sini CkaS，2002）。那么，品牌内化的目的就是通过将企业品牌信息传递给员工，再由员工通过自己的态度和行为传递给顾客。

怀特（Blessing White，2008）认为，品牌价值体现在品牌溢价方面，也就是顾客会为自己喜欢对品牌付出额外的价格，那么员工为了自己喜欢的品牌也可以付出更多的劳动或放弃更高的薪酬。所以，从组织层面看，企业给予了员工什么来提供激励；从员工层面看，员工如何参与到企业的品牌建设中，与品牌建立什么联系。所以，这是一个获得（what I get）和给予（what I give）的问题，企业给予，员工获得，这两者如何影响了企业品牌建设，才是品牌化的结果。

高特斯等人（Gotsi et al.，2008）认为员工的工作态度和行为应处处体现出企业的品牌价值，也就是"livethebrand"。莫斯利（Mosley，2007）则认为只有员工日常工作与企业品牌价值紧密融合，才会"livethebrand"，这也是品牌内化所要达到的目标。米切尔（Mitchell，2004）认为对很多企业来说并不具备清晰的品牌价值，或者说对于员工来说，品牌价值是模糊的，虚无的，员工的工作经历中并没有真正接触，所以员工也就无法将自身的日常工作与企业的品牌价值紧密结合，那么"livethebrand"也就很难实现。维拉斯特（Vallaster，2004）则认为内化就应该是要使员工分享一致的品牌理念，这种理念要融入到员工日常工作中，通过认知、情感和沟通行为等体现出来。米尔斯和曼戈尔德（2004）提出了"employee-branding"的概念，他们认为内化是企业通过一系列方法将员工内化品牌形象，以员工展现为载体，把企业品牌形象展现给顾客。2005 年，迈尔斯（Miles & Mangold）等人通过案例分析得出，员工品牌内化包括通过品牌内化要使员工知道、理解、体验品牌价值；同时，品牌内化的结果还需要在组织和员工个体之间建立新的心理契约。诺尔特（Carel Nolte，2004）、德（2004）提出了品牌支持行为"Brand supportingbehavior"这一概念，他们肯定了品牌领导的至关重要的地位，也就是员工开始品牌支持行为一般是基于领导所扮演的重要角色，并开始模仿。

公司进行品牌内化后，如何衡量员工的品牌表现？2000 年后，越来越多的学者开始关注这个问题。汤姆森等人（1999）根据员工品牌理解和情感承诺的高低提出了员工内在认同分类框架。如图 2－6 所示。

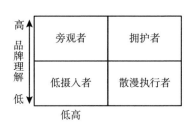

图 2－6　员工内在认同分类框架

资料来源：Thomson, K., de Chernatony, L., Arganbright, L., and Khan, S.. The Buy-in Benchmark：How Staff understanding and Commitment Impact Brandand Businessperformance. Journal of Marketing Management, 1999, 5（8）：819－535.

因德（Ind，2001）按照员工支持品牌行为提出了分类框架，将员工分为四类，即按照企业品牌内涵和意义行事的品牌拥护者；对品牌感兴趣，但无法承诺在工作中全力以赴的品牌不明朗者；不了解企业品牌内涵和意义的品牌不参与者；在工作总违背品牌承诺的散漫执行者。如图 2－7 所示。

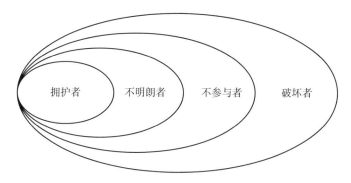

图 2 - 7　员工品牌支持行为分类框架

资料来源：Ind，N．．Livingthe Brand：Howto Transform Every Memberofyour Organizationintoa Brand Champion，KoganPage，London，Uk，2001.

诺尔特（2004）认为员工品牌表现有态度和行为两个维度构成，其中，态度指的是在企业品牌内化中员工对于组织品牌的理解和感知，行为指的是企业品牌内化之后员工服务顾客的能力。基于以上观点，诺尔特构建了员工品牌态度与行为模型，如图 2 - 8 所示。

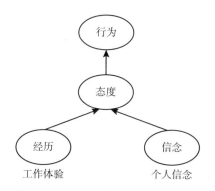

图 2 - 8　员工品牌态度与行为模型

资料来源：Carel Nolte. Delivering the Brand Promiseat Hollard Insurance：Transforming Brand Strategyinto Satisfied Employeesand Customers. SCM，2004，8（3）：18 - 21.

人力资源实践，内部沟通活动和品牌领导能发展和保持品牌识别和个人识别的契合度，从而被认为是影响品牌内化的机制（Burmann & Zeplin，2005）。

为了更好地理解员工品牌支持行为的前因后果，布尔曼和赞贝林（2005）构建了品牌内化模型，如图 2 - 9 所示，本书理论模型也主要参考其模型而建立。布尔曼和赞贝林的品牌内化理论模型主要研究了影响品牌支持行为的因素及其所产生的结果。模型背后的主要理念是建立员工的品牌承诺，从而通过员工的态度和行为来培养一个强大的企业品牌。模型通过假设检验，发现以品牌为中心的人力资源实践、品牌沟通和品牌领导会影响员工的品牌承诺，而相应的会影响到员工的品牌公民行为。这些品牌相关行为最终会影响依赖品牌消费者关系质量的品牌强度。

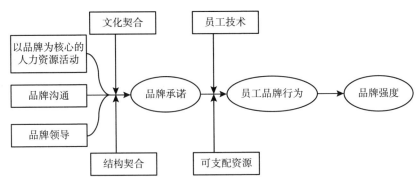

图 2 - 9　品牌内化理论模型

资料来源：Burmann, C., and Zeplin, S.. Building Brand Commitment: A Behavior Approachto Internal Brand Management. Brand Management, 2005, 12（4）：279 - 300.

品牌内化就是通过与员工分享企业价值，服务理念及如何面向消费者服务，使得员工形成品牌支持行为，从而获得员工的品牌承诺（Zerbe, Dobni & Harel, 1998）。布尔曼和赞贝林的品牌内化理论模型包含三个维度，即人力资源活动、品牌沟通和品牌领导是形成品牌内化的机理，并解释了它们如何影响了员工的品牌承诺并形成员工品牌行为。

德等人（2006）认为员工传达一致的品牌识别能够在消费者头脑中创造出一致的品牌形象。员工具有了品牌识别后，再把其转化为自身的品牌态度和品牌行为，这样就能帮助服务行业形成一致的品牌形象，并根据建立起的品牌形象采取相一致的行动。

曼戈尔德和米尔斯（2007）认为员工品牌内化是个心理契约，内化的成败关系到员工对品牌的认知和对组织期望。根据这两个维度，曼戈尔德和米尔斯建立了员工品牌化的类型框架，如图 2 - 10 所示。根据这个框架，曼戈尔德和米尔斯将员工品牌表现分为四类，即了解品牌形象，并且愿意积极投入工作的企业优秀员工（All-stars）；了解品牌形象，但不愿意积极投入工作的员工（Injured Reserves）；不了解品牌形象，但愿意积极投入工作的新员工（Rookies）；不了解品牌形象，也不愿意积极投入工作的准备离职的员工（Strike – Out Kings）。

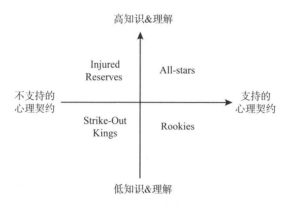

图 2 – 10 员工品牌类型框架

资料来源：Mangold, W. G. and MilesS. J. The Employee Brand：Is yoursanall-star？. Business Horizons, 2007, 50：423 – 433.

金和格雷斯（King & Grace，2008）认为品牌内化的员工表现最高层次是员工品牌承诺，而要达到品牌承诺，员工需要经历四个层级，即任务或技术能力，组织承诺，品牌知识和品牌承诺。如图 2 – 11 所示。

图 2 – 11 员工品牌承诺"金字塔"框架

资料来源：King, C., and Grace, D.. Internal Branding：Exploring the Employee's Perspective. Brand Management, 2008, 15（5）：358 – 372.

米尔斯和曼戈尔德（2005）研究发现，这些品牌内化机理在航空公司内部同样非常重要。以美国西南航空公司为例，它的成功就依赖于品牌内化的成功实施。它的竞争优势的获得就是通过内部沟通和人力资源实践来对员工行为和态度进行规范，以期实现在消费者头脑中形成公司的品牌形象。成功的另一个因素则是通过品牌内化，使得组织与员工建立心理契约。所以，服务公司品牌成功的主要因素就是进行品牌内化，并使之牢牢烙印在员工和消费者头脑中。

2.4.2　员工品牌公民行为

布尔曼和赞贝林（2005）首次提出了品牌公民行为概念，这一概念借鉴了组织公民行为概念。布尔曼和赞贝林（2005）通过文献整理，以品牌内化理论为基础，通过对服务行业的深度访谈，提出员工存在一种品牌公民行为，他们认为，品牌公民行为是一种角色外行为，是员工自愿为了使其他员工或者顾客更好的识别公司品牌而做出了一系列其工作职责之外的行为，这些行为不存在与公司为其正式界定的职责体系中。

品牌公民行为概念借鉴了组织公民行为概念，这是因为，两种公民行为既有相同点，又有不同点。从行为动机来看，员工的品牌公民行为与组织公民行为的基本动机都是基于奉献的，是一种利他行为，这种行为的目的都是为了提高企业的运作效率或提升企业品牌识别，这种行为的结果有利于公司的发展，所以他们的行为动机是一致的。但在具体行为以及构成维度上，品牌公民行为和组织公民行为又是有区别的。从具体行为看，两者都是角色外行为，这一点上是重合的。员工的角色外行为包括帮助新员工了解企业品牌，向公司提出品牌优化建议等，这种行为既是品牌公民行为，又是组织公民行为，所以两者都是针对内部其他员工或组织。但品牌公民行为和组织公民行为不同的地方指，品牌公民行为的对象不只是组织内部，更多的是外部顾客，例如，员工向外部顾客热情的推荐品牌、主动维护公司品牌形象等，这些行为均属于品牌公民行为，但不属于组织公民行为，所以两者的不同主要是指向的对象不同，品牌公民行为的指向对象更广一些。另外，布尔曼和赞贝林（2005）提出品牌公民行为概念后，并未进行实证研究，布尔曼和赞贝林（2009）通过实证研究，指出品牌公民行为由三个维度构成，即帮助意愿（willingness to help）、品牌热情（brand enthusiasm）和发展倾向（propensity for further development）。

布尔曼、赞贝林和赖利（2009）通过实证研究提出，品牌内化同时包括服务品牌和产品品牌的内化，这是品牌内化战略的共同点。他们通过对汽车、银行保险、零售店、化妆品、通讯、航空等行业的实证研究结果表明，员工品牌承诺对员工品牌公民行为有着显著的正向影响关系。

员工品牌承诺对他们的组织公民行为有着积极的正向影响作用，并且进一步影响着员工表现（Cho & Johanson，2008）。库珀等人（Dagenais-Cooper & Paillé，2012）通过对酒店行业的研究发现，组织承诺是影响员工实践组织公民行为的最重要的影响因素之一。玛和瞿（Ma & Qu，2011）研究发现，顾客满意度来自于高质量的服务传递，而这一过程必须是员工与顾客的超预期之间的高度契合。因此，超越了员工角色内行为职责的组织公民行为对于顾客满意度和顾客品牌表现具有很重要的作用。所以，服务行业员工的品牌承诺也被认为能帮助服务企业建设品牌公民行为和品牌表现。

在服务品牌建设过程中，品牌的内部承诺对于品牌成功是一个关键部分，因为，内部品牌承诺会使员工相信他们的组织品牌（de Chernatony et al.，2003）。员工需要在他们的头脑中接受组织品牌，以使其行为与品牌承诺保持一致，所以，他们需要信任品牌然后接受、内化品牌。如果员工对品牌有了承诺，并且能够通过品牌对自身进行识别，那么他们就会通过品牌识别而形成自身的品牌支持行为（布尔曼和赞贝林，2005）。因此，员工的品牌承诺会增强员工的品牌公民行为。

我国学者谢礼珊、彭家敏和张春林（2010）针对我国旅游企业的实际情况，对酒店和旅行社等高接触性的服务企业进行了实证研究。他们检验了品牌公民性的三个维度对顾客品牌信任和顾客品牌承诺的影响。研究结果与布尔曼等人（2009）对于品牌公民行为维度研究结果一致，验证了品牌公民行为由助人意愿、品牌热情和发展倾向三个维度构成。研究还表明，员工的品牌公民行为正向显著的影响基于顾客的品牌关系，即顾客品牌承诺和顾客品牌信任;顾客品牌信任显著影响顾客品牌承诺,并且顾客品牌信任在品牌公民行为对顾客品牌承诺的影响中起中介作用。研究认为,在服务品牌的塑造和传播中员工起到了非常重要的作用。如图 2 - 12 所示。

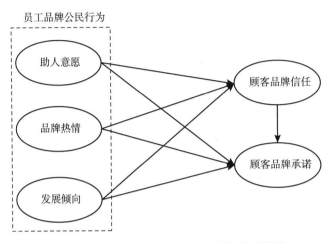

图 2 - 12　品牌公民行为与顾客品牌关系模型

资料来源:谢礼珊,彭家敏,张春林. 旅游企业员工品牌公民行为对顾客品牌信任和品牌承诺的影响 [J]. 旅游学刊, 2010 (11): 58 - 65.

张辉等(2012)通过实证研究证实了品牌公民行为是一个由助人意愿、品牌热情和发展意愿构成的三维度构念。研究发现,品牌心理所有权不仅对员工品牌公民行为有直接影响,而且会通过品牌承诺对品牌公民行为产生间接影响,对品牌公民行为的三个维度而言,员工心理所有权对品牌热情的影响最大。理论模型如图 2 - 13 所示。

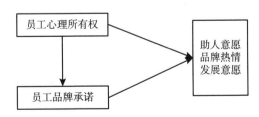

图 2 - 13　员工心理所有权、品牌承诺与员工品牌行为理论模型

资料来源:张辉,白长虹,牛振邦. 品牌心理所有权、品牌承诺与品牌公民行为关系研究 [J]. 管理科学, 2012 (8): 79 - 90.

2.5 基于顾客的品牌关系

2.5.1 基于顾客的品牌表现

对服务进行区别的特征之一就是对消费者提供服务过程中价值传递的清晰度（the visibility）。格鲁努斯（Grönroos，1990）曾经提出服务行业价值传递过程分为两个不同的部分。对于服务行业来说，消费者所获得的服务价值体验基本上依赖于两个方面，一是他们获得了什么（收获）；二是他们是如何获得的（服务过程）。特别是例如保险、航空、酒店等行业，服务过程必须聚焦于如何获得强大的公司品牌（de Chernatony & Segal – Horn，2003）。所以，当服务行业把目光聚焦于如何提供优质的服务过程时，公司往往更可能赢得在消费者面前更好的表现。

对于航空公司来说，为消费者提供满意的高质量的服务是至关重要的（Ostrowski，O'Brien & Gordon，1993）。服务质量已经被证明能提升乘客满意度，并且增加乘客重复购买意愿（Park，Robertson & Wu，2006）。正因为服务能为航空公司带来差异化，所以服务品质对航空公司来说非常重要。价格和其他的会员优惠项目很容易被别的航空公司复制，服务则很难复制，并且良好的服务能使乘客获得更好的体验，从而增加他们的忠诚度（Ostrowski et al.，1993）。所以，能给乘客带来更满意体验的航空公司的服务，会提升航空品牌的品牌形象（Park et al.，2006）。所以，航空公司员工的服务行为会影响到消费者所获得的服务品质。

对于保险行业来说，我国学者甄贞（2012）认为保险企业更应该实施品牌内化，通过一线员工品牌化后的行为来给顾客传递品牌承诺，实现品牌价值，使员工在给顾客的服务中提供一致的服务，做好代言人角色，通过每一次服务接触，让顾客都能享受到满意的服务，以此为企业赢得潜在保险需求者的青睐，并树立良好的企业形象。

华莱士和德（Wallace & de Chernatony，2008）发现员工的服务行为

会影响到服务绩效，同时，如果员工缺少对品牌承诺的话更会导致消费者消极的品牌体验。所以，必须将公司品牌价值内化到员工的品牌支持行为中，而这样的员工是公司品牌成功的关键（de Chernatony，2001；Vallaster & de Chernatony，2005）。员工对公司品牌价值的理解会使将公司品牌承诺更好的传递给消费者（Heskett，1987）。当将品牌承诺和品牌价值内化到员工品牌支持行为中后，员工更可能会提供持续的一致的与品牌相符的服务（Berry & Lampo，2004）。此外，在服务行业中，当员工与消费者互动时，员工行为就将品牌形象由抽象的转变成了具体的，所以，员工的服务表现就是消费者的品牌体验。

服务行业品牌不管是在内部还是外部要取得成功，都依赖于员工的行为和态度（Vella，Gountas & Walker，2009），而员工的行为又影响着公司品牌表现（Berthon，Ewing & Hah，2005）。已经有很多实证研究表明，员工的品牌承诺通过影响其品牌支持行为，会让其有更好的表现（Hankinson，2002；Rucci，Kirn & Quinn，1998；Thomson et al.，1999）。

然而，以上研究基本都是基于品牌表现探讨员工品牌支持行为对品牌表现的影响（Punjaisri，Evanschitzky & Wilson，2009；Punjaisri & Wilson，2007）。在这些研究的基础上，布尔曼等人（2009）尝试探讨员工品牌公民行为对品牌强度的影响，而品牌强度都是通过消费者关系质量进行了测量。以往研究没有对员工品牌公民行为对基于消费者品牌表现的影响的探讨。

德等人（2004）提出，基于消费者的品牌表现由品牌忠诚，消费者满意和声誉组成。同时，普拉萨德和德韦（Prasad & Dev，2000）认为服务行业的基于消费者的品牌表现由四个维度组成，分别是满意度，重复购买意愿，性价比和偏爱程度。所以，品牌承诺内化了的员工表现可能会形成消费者的品牌体验和消费者对品牌的态度。品牌体验的成功传递可能会形成让消费者更满意的品牌价值，同时对于服务提供者来说也是很大的成功。

2.5.2 基于顾客的品牌信任

只有与顾客建立紧密联系才能成就强势品牌（Cleaver，1999；Fournier，1998）。而强势品牌有助于消费者对实际购买前难以评估的无形资产提供信任（Berry & Lampo，2004）。那么在基于顾客的品牌关系中，顾客与品牌的感情联系就非常重要（Mattila，2001）。

鲍登（Bowden，2009）认为，形成顾客品牌关系不仅仅是因为顾客满意度更是由于顾客的信任，顾客信任在增强顾客积极承诺和提升顾客品牌关系中起到了非常重要的作用。

吉姆帕肯和陶克尔（Kimpakorn & Tocquer，2010）通过对酒店行业的研究发现，对于那些对品牌有信任感的顾客来说，更容易与品牌建立感情联系，所以，顾客的品牌信任积极影响了顾客—品牌的关系，而品牌信任可以通过酒店员工的品牌相关行为产生。

由于服务的无形性等特点，可能很难去理解对顾客的服务承诺，但顾客却可以去评估这种服务承诺，因为这种承诺是基于服务品牌产生的信任的情感关系，（de Chernatony & Segal – Horn，2001）。信任与不确定性高度相关，因为它能减低不确定性（Moorman et al.，1992）。因此，顾客信任对于服务行业来说非常重要，因为信任是顾客基于员工的服务体验产生的，而如何对员工的服务绩效进行评估则很困难。

塞德什摩克、辛格和萨博尔（Sirdeshmukh，Singh & Sabol，2002）将顾客信任定义为，顾客信任是顾客的一种期望，期望服务提供者是可靠的，并且可以信赖地兑现服务承诺。因此，顾客的品牌信任应该是由品牌体验而来，并且这种体验应该是顾客满意的、成功的（Keller，1993）。满意的体验会使顾客形成一种信念，相信品牌会像广告中说的那样兑现承诺（Delgado – Ballaster & Munuera – Aleman，2001）。

顾客满意度虽然非常重要，但是信任的重要性是超越了顾客满意度的，因为信任可以用来更好地预测顾客是否愿意与品牌保持关联关系（Garbarino & Johnson，1999）。根据吉姆帕肯和陶克尔（2010）的研究发现，品牌信任是消费者对某一特定品牌属性的可靠性和完整性的认知，这种认知的实现则是基于品牌兑现承诺的能力。所以，如果品牌能够成功兑现其承诺，那么顾客品牌信任就可以加强顾客与品牌之间的关系，进而形成顾客的品牌承诺（Keller，2003）。实现这一目标的途径就是，将品牌承诺和品牌感知贯穿于员工的行为当中，进而通过品牌承诺的兑现而形成的顾客品牌信任和品牌忠诚就是促成品牌和顾客之间建立持久而良好的关系（Papasolomou & Vrontis，2006）。

2.5.3 基于顾客的品牌承诺

吉姆、韩和李（Kim，Han & Lee，2001）基于的航空公司的研究发现，如果员工在与顾客接触中能够提供顾客满意的服务，就能赢得顾客的品牌信任，进而会增强顾客的品牌承诺。

摩根和亨特（Morgan & Hunt，1994）认为顾客品牌信任和品牌承诺是关系营销学的核心，他们还认为顾客品牌信任会最终导致品牌承诺。所以，品牌信任和品牌承诺是用来解释顾客为何与公司建立联系的两个核心维度（Dwyer，Schurr & Oh，1987；Morgan & Hunt，1994）。当某一个品牌兑现了它的品牌承诺，顾客就很容易与这个品牌建立品牌信任和品牌承诺。

摩尔曼等人（Moorman et al.，1992）认为承诺是一种心理契约，他们将承诺定义为保持一种有价值关系的持久愿望。摩根和亨特（1994）认为，承诺产生于个体认为重要的，并需要长期维持的关系，那么当个人喜欢某个品牌，并且对该品牌有承诺和约束时就产生了品牌承诺。弗如尼尔（Forurnier，1998）通过研究，提出了品牌关系质量模型（brand relationship quality，BRQ）。在该模型中，弗如尼尔设立了6个维度，其中最重要的两个维度便是品牌信任和品牌承诺。弗如尼尔把品牌承诺定义为不管外部环境是否变化，是否可以预见，顾客与品牌保持长久关系的行为意图。品牌承诺会使顾客不自觉地与他们了解和使用的品牌形成关系，在他的日常生活中，这种关系一直存在，同时，对于他的消费观念和自我概念会进行强化和标示。所以，企业要想建立强大的品牌，维持一个持续的顾客与品牌关系，那么品牌承诺就必不可少。

我国学者何佳讯（2006）对品牌承诺进行了定义，认为在我国的现实的环境中，承诺的附加条件必不可少，也就是"不管环境是可预见的还是不可预见的"，这对于更好地反映承诺测量的条件性要求也是十分有意义的。本书主要探讨员工的品牌公民行为对基于顾客的品牌关系方面的影响，反映的是顾客与品牌的关系。

2.6　关键概念界定

根据对以往研究文献梳理，本书对相关核心概念界定如下。

2.6.1　品牌培训

本书采用瑟鲁姆等人（2006）对品牌培训的定义，根据社会认同理论，公司对员工进行培训，使员工由个体变成了组织人，员工个体社会化的这一过程促进了员工对于品牌的认同，也就是增加了个人识别与品牌识别的契合度，不仅如此，培训显然还为员工提供了学习机会，增强了品牌知识。

2.6.2　品牌激励

本书综合以往文献中品牌激励的概念，将品牌激励定义为组织以各种方式鼓励员工参与企业品牌建设、对为企业品牌做出贡献的行为给予奖励。一般意义上，激励可以分为物质激励和非物质激励。

2.6.3　品牌沟通

本书采用威尔逊等人（2007）对品牌内部沟通的定义，即品牌内部沟通为组织内部一切能影响员工品牌知识、态度和行为的沟通活动。

2.6.4　品牌领导

本书采用莫哈特等人（2009）对品牌领导的定义，即组织领导者通过自身的品牌态度和行为来影响员工而产生的维护公司品牌利益行为。

2.6.5　员工品牌心理所有权

本书综合以往文献中员工品牌心理所有权的概念，将其定义为，心理所有权是为了使员工对公司品牌（或服务品牌）产生所有权感受的心理状态，它描述了员工将所在组织的品牌（或服务品牌）视为"我的品牌"的程度。

2.6.6　员工品牌承诺

本书采用布尔曼等人（2005）提出的员工品牌心理所有权的概念，即员工品牌承诺是员工对品牌的心理依恋程度，它会影响员工为实现品牌目标所付出的额外努力的意愿。

2.6.7　员工品牌公民行为

本书采用布尔曼等人（2005）提出的员工品牌公民行为的概念，即品牌公民行为是一种角色外形为，是员工自愿为了使其他员工或者顾客更好地识别公司品牌而做出了一系列其工作职责之外的行为，这些行为不存在于公司为其正式界定的职责体系中。

2.6.8　顾客品牌信任

本书采用吉姆帕肯和陶克尔（2010）提出的顾客品牌信任的概念，即品牌信任是顾客对某一特定品牌属性的可靠性和完整性的认知，这种认知的实现则是基于品牌兑现承诺的能力。

2.6.9　顾客品牌承诺

本书采用德尔加多和阿莱曼（Delgado – Ballester & Munuera – Aleman，2001）提出的顾客品牌承诺的概念，即顾客品牌承诺是顾客愿意继续保持与某一品牌的关系或继续购买该品牌的意愿的心理状态。它是一种对某一品牌依恋或优先考虑购买的意识。

第3章
研究模型构建及假设提出

为进一步研究服务型企业品牌内化对员工品牌公民行为的影响及员工品牌公民行为对基于顾客的品牌关系的影响，本章将在第2章质性研究的基础上，构建本书的概念模型。本章分为三部分：一是概念模型的构建及思路；二是对服务型企业品牌内化、员工品牌公民行为及基于顾客的品牌关系进行理论探讨，并提出研究假设；三是构建实证研究模型。

3.1 理论模型的构建

为了更好地理解员工品牌支持行为的前因后果，布尔曼和赞贝林（2005）构建了品牌内化模型。布尔曼和赞贝林的品牌内化理论模型主要研究了影响品牌支持行为的因素及其所产生的结果。模型背后的主要理念是建立员工的品牌承诺，从而通过员工的态度和行为来培养一个强大的企业品牌。

员工品牌支持行为的前因就是企业品牌内化。服务型企业品牌内化主要关注的是品牌与员工的关系，企业内部品牌相关的活动对企业内部品牌建设的影响。有主员工品牌内化主要是品牌与员工的关系，所以，内化过程也是两方面的互动过程。品牌内化不仅仅是在企业内部，员工与品牌的信息交流、融合，更体现在企业外部，员工与顾客的信息交流。从品牌关系层面来看，公司进行品牌内部营销，使员工认可公司品牌，员工接受公司品牌并将自身与品牌价值相契合，形成员工品牌支持行为。在员工与顾客的服务接触过程中，员工的品牌提供一致性的服务，向顾客传递公司的品牌承诺，实现品牌价值。服务品牌价值最终依靠顾客实现，顾客与企业沟通越多，越了解企业品牌，就越会形成品牌信任，所以，服务企业必须更多地与顾客进行沟通和交流，而这必须依靠一线员工来实现，如果一线员工无法为顾客提供一致的满意服务，那么服务企业品牌建设也将会遭遇挫折（Duncan & Moriarty，1997）。从内部营销层面来看，只有当员工真正了解并认同企业的品牌意义、感受到企业的品牌价值、把自身当成企业的品牌代言人，他们才会更积极地投入工作，为顾客传递品牌承诺，实现品牌价值。

员工品牌支持行为的目的就是建立强势品牌，那么品牌支持行为的后果就是企业品牌的价值实现，也就是基于顾客的品牌关系表现。任何品牌最终的价值实现对象是顾客，品牌价值的提升在于顾客。一线员工在与顾客的接触过程中，传递了品牌承诺，实现了品牌价值，一致性的品牌服务可以通过员工品牌支持行为进行传递。员工品牌支持行为对顾客的品牌信任和品牌承诺有显著影响（谢礼珊等，2010）。

在文献综述部分，我们对服务企业品牌内化、员工品牌心理所有权、员工品牌公民行为和基于顾客的品牌表现进行了回顾。本书借鉴布尔曼和赞贝林（2005，2009）、Papasolomou & Vrontis（2006）、King & Grace（2008）、Papasolomou & Vrontis（2006）、Howard（2000）、Bergstrom et al.（2002）、Papasolomou & Vrontis（2006）、Nader Tavassoli（2007）、Punjaisri & Wilson（2007）、Vallaster & de Cheoatony（2005）、Wieseke et al.（2009）、Mothart et al.（2009）、Vallaster & de Chernatony（2005）、白长虹等（2011，2012）等的研究成果，确定本书研究的服务企业品牌内化驱动要素包括品牌培训、品牌激励、品牌内部沟通和品牌领导；借鉴布尔曼和赞贝林（2005，2009）、Pierce et al.（1991）、Dyne et al.（2004）、Mayhew et al.（2007）、张辉等（2011，2012）、Bergstrom et al.（2002）、等的研究成果，确定本书研究的服务企业品牌内化通过员工品牌心理所有权和员工品牌承诺影响员工品牌公民行为；借鉴布尔曼和赞贝林（2005，2009）、Gotsietal（2007）、Mosley（2007）、Carel Nolte

（2004）、de Chernatony（2004）、Dagenais－Cooper 和 Paillé（2012）等的研究成果，确定本书研究的员工品牌公民行为受服务企业品牌内化影响，并影响到基于顾客的品牌关系；借鉴布尔曼和赞贝林等人（2005，2009；贝里 & Lampo，2004；Mattila，2001；Bowden，2009；Kimpakorn & Tocquer，2010；Kim，Han & Lee，2001；Morgan & Hunt，1994；Forurnier，1998；何佳讯，2006）等的研究成果，确定本书研究的基于顾客品牌关系包括顾客品牌信任和顾客品牌承诺。

本书在质性研究的基础上，结合"认知一态度一行为"的理论范式和品牌关系的研究范式下，构建出本书的概念框架。如图 3－1 所示。

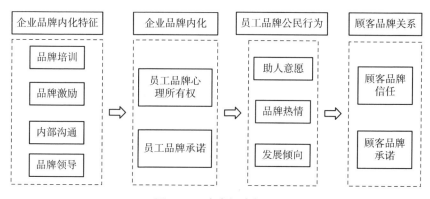

图 3－1　本书概念框架

3.2　研究假设

3.2.1　企业品牌内化与员工品牌支持行为的研究假设

企业品牌培训就是对品牌相关内容的训练，是对员工进行品牌知识、理念和承诺等方面的教育。德和西格尔（de Chernatony & Seagal－Horn，2001）认为，品牌培训在员工进行品牌价值传递过程中起到重要作用，因为品牌培训可以帮助员工更好地理解公司品牌。德和科塔姆（de Chernatony & Cottam，2009）则研究发现，通过品牌教育和培训，能使组织成员具备较高水平的品牌知识。贝里（2004）、瑟鲁姆等人（2006）发现，企业品牌培训能有效提高员工的满意度，通过品牌培训可以提升员工对于品牌的认可度，增强对于企业内服务品牌的拥有感。以往研究表明，服务企业内部品牌培训不仅能引导员工的品牌行为，同样也能促进员工对品牌产生心理所有权感。

企业品牌培训对于企业提升员工品牌知识，增强学习能力起着重要作用。瑟鲁姆等人（2006）研究发现，企业可以通过品牌培训及相关活动进行员工行为的塑造。在人力资源管理研究领域也有相关的研究结论，鲁伯特等人（Robert et al.，1994）在人力资源管理领域对培训进行了研究，他们认为企业进行有效的培训可以有以下好处：培训能够帮助企业员工减少工作失误；培训能增强员工的自觉性；培训能增强员工的自我学习能力；培训能增加员工的自我认知和企业认知等。从以上结论中可以看出，培训对于服务企业品牌建设也有很多益处，例如减少员工工作失误就意味着增加了员工的工作效率，提升了各科满意度；员工自觉性增强将会大大减少员工犯错率，同时促进员工更积极主动地去维护客户关系；员工自我学习能力增强就意味着员工可以更好地领会品牌知识，并将品牌承诺传递给顾客。服务企业对员工进行品牌培训，增加员工品牌知识，增强员工认知能力，将企业品牌理念传输给员工，使员工树立起企业品牌意识，并于自身工作相融合，以推动企业品牌内化建设，所以，服务企业进行员工品牌培训有其必要性，也是企业进行品牌内化的重要手段。

综上所述，本书可得出如下假设：

H1a：品牌培训对员工品牌心理所有权具有正向影响作用。

H1b：品牌培训对员工品牌承诺具有正向影响作用。

在企业品牌激励方面，萨木克（Sumcker，2001）认为激励是指使用某种方式，促使人去采取行动，从而激发一个人达到工作目标的程度。巴尔德和内维尔（Baard & Neville，1996）认为，激励是引致人行为的驱动力量，常常来自于外部的推动力量。拉斯钦等人（Laschinger et al.，2001）则认为激励提升员工工作热情，增加工作动力，投入更多的精力，在适当激励下，甚至可帮助员工认知工作的意义。台湾学者江斌玉

（1987）强调激励的核心在于"采取行动"，通过对心理状态的影响使人产生行动。以往研究表明，品牌激励可以帮助员工明确品牌的重要性，提升员工的品牌所有权感。

激励指的是采取某些方式使得个体在追求既定目标时而愿意付出的意愿程度。有学者研究发现，如果给个体提出目标并给出某些需求刺激，而个体评估后，认为凭借自身努力可以达到这个目标，这就形成了激励。从赫茨柏格双因素论里的激励因素来看，服务行业进行品牌建设，在直观上或短期内很难量化考核其直接绩效，那么如何以量化的激励，使品牌建设达到一个难以量化的目标就很困难。但是根据行为激励理论，却可以从内外两方面入手对员工进行品牌激励，也就是既要对员工进行精神激励又要进行物质奖励，并将两者结合起来使用。品牌贡献激励通过外在激励对员工的品牌贡献进行表扬，如果部门或个人做了有利于公司品牌发展的工作或提出了有效的品牌建设建议，那么公司就应该对其进行精神或物质上的奖励，使部门或员工意识到公司对品牌建设的重视。外在激励形成的示范效应，会引导其他的部门和员工参与到企业品牌建设当中来，在这一过程中，品牌激励就增强了员工的品牌承诺。

综上所述，本书可得出如下假设：

H2a：品牌激励对员工品牌心理所有权具有正向影响作用。

H2b：品牌激励对员工品牌承诺具有正向影响作用。

品牌沟通是企业通过建立合理、畅通的沟通渠道包括支持正常的非正式沟通渠道，为员工接收、传递、交流品牌信息提供平台，为员工的参与提供便利和渠道，从而鼓励员工参与到企业品牌的建设中。

坎普尔（Campl，1996）认为，员工一旦与顾客建立了良好的沟通程序，那么在这个程序上的服务接触点就会形成一致的品牌价值传递，所以，良好的内部沟通程序能够成就成功品牌。布尔曼和赞贝林（2005）也提出，在服务行业内部，员工品牌意识的产生、对品牌理解的加深都可以通过内部沟通来实现。在服务行业品牌内化中，沟通主要是部门或员工之间就企业品牌理念、内涵、价值承诺等方面进行沟通。部门或员工之间的有效沟通，不仅能加深自己对企业品牌的理解，融入到自身工作中，并且可以更好地认识企业，认识品牌建设的重要性，从而自愿的投入到企业品牌建设当中去。品牌沟通主要是在部门之间、上下级之间和员工之间展开，这些沟通丰富了自身对品牌的认识，各方面品牌信息交互吸收，能够使员工能更加全面更加整体的了解企业品牌，更能意识到企业进行品牌建设的重要性，更容易投身到品牌建设中，所以，沟通还增强了员工参与品牌建设的积极性。

约翰逊和伊格利（Johnson & Eagly，1989）认为，如果信息接受者认为信息对自己是有用的或者重要的，那么信息接受者就会积极的进入信息沟通当中，这是从信息接受者的感知角度来改变沟通态度。那么，信息接受者愿意花费更多的时间和精力来参与沟通的问题，那么信息接受者的卷入程度越高，也就更能提升沟通效率。所以，企业品牌建设中在进行品牌内部沟通时，可充分考虑员工作为信息接受者的卷入度，员工卷入度越高，就会越积极地参与沟通，也就更能理解品牌建设的重要性。

根据选择性感知理论（Kiesler，1971），企业员工将会"趋利避害"，也就是员工遇到与自己偏好不一致的品牌信息时会采取回避、忽略甚至曲解的方式处理，遇到与自身偏好相一致的品牌时则会强化自身与品牌的联系。大量研究表明，员工遇到的与自身偏好不一致的品牌，并不是客观品牌，而是经主观加工、解释后的品牌，也就是"二手"品牌。所以，员工的品牌内化需要经过自身的品牌偏好，这就需要处理好两方面的信息，即员工接收到了那些品牌信息，及经员工心理加工后员工接收到的品牌信息，这两方面的信息都可以通过内部品牌沟通来进行解决。

汤姆森等人（Thomson et al.，1999）研究发现，内部沟通会增加员工的品牌情感，也就是有效的品牌内部沟通显著影响员工的品牌情感承诺，从而会增加员工的品牌感情。维拉斯特和德（2005）指出，品牌沟通就是分享品牌信息，使不同方面的品牌信息整合到一起并形成一致，在员工沟通品牌信息的同时，员工的品牌认知和情感联系也进一步增强。什么样的沟通方式会使员工对沟通本身满意？什么样的沟通内容会使员工信任沟通？这是品牌的内部沟通的两个方面。可以看出，企业进行品牌的内部沟通，能够增进员工品牌认同，增强员工的心理归属感（Bergstrom et al.，2002）。

如何获知员工对品牌沟通的满意程度？从员工对品牌内部沟通的评价上可以体现出来，奥利弗（Oliver，1999）认为，对于外部顾客来说，满意就意味着带来忠诚。德和西格尔（2003）也研究发现，品牌内外部沟通的一致性增加了员工的满意度，进而增进了组织的内部忠诚度。帕埃斯如等人（2009）通过实证研究表明，品牌的内部沟通评价正向显著影响员工品牌认同感和员工品牌忠诚。

　　综上所述，本书可得出以下假设：

　　H3a：内部沟通对员工品牌心理所有权具有正向影响作用。

　　H3b：内部沟通对员工品牌承诺具有正向影响作用。

　　根据社会影响理论，人们在情境不确定或面对某些未知信息的时候，容易导致自身无所适从，这时候人们往往会参照有影响力的人的行为。艾培（Epitropaki，2003）通过对组织行为研究发现，组织内领导者往往是意义的传达者和标示者，员工往往会对其进行参照，所以，员工对组织的认同就成为了员工对于意义的追求。本克霍夫（Benkhoff，1997）的研究也证明了这一点，他发现员工的组织认同与上级支持认同高度相关。在服务型企业，员工的服务行为需要模仿其他员工或者群体而形成，以此符合企业的品牌标准。员工在模仿其他员工或群体后会适应服务行为，但这种模仿是一直存在的，也就是模仿行为的价值和意义使得员工实现对品牌价值的内化。

　　迈尔斯和曼戈尔德（2004）指出，品牌领导行为作为一个关键性驱动因素，提升了员工品牌支持行为，同时在影响员工品牌内化的各种变量中，主管领导的行为也是极其重要的一个因素。在服务企业内部，员工会通过自身接收到的信息与企业领导传递信息进行对比，如果这两个信息是一致的，那么员工就会坚定品牌态度，增加品牌信心，乐于投入品牌建设中去；而如果员工发现两个信息是不一致的，就会使员工无所适从，从而丧失对企业品牌的信任。社会学中角色理论认为，人们所扮演的角色并不是天生，它是后天通过学习而形成的。内化过程就是一个社会化学习的过程，员工通过观察、模仿领导和其他员工的态度和行为来进行角色塑造（Bandura，1977），因此，品牌领导对员工品牌内化有正向的影响作用。

威斯克等人（2009）研究发现，魅力型领导显著正向影响员工的品牌忠诚。

莫哈特等人（2009）研究发现，员工的认知主动性和认知能力、品牌归属感会受到变革型领导的正向影响，变革型领导进而会影响到员工的品牌表现。因此，变革型领导能够帮助企业员工提升对自身角色的认知，促进员工品牌认同，增强品牌的自身归属感，降低离职意愿。

综上所述，本书可得出以下假设：

H4a：品牌领导对员工品牌心理所有权具有正向影响作用。

H4b：品牌领导对员工品牌承诺具有正向影响作用。

品牌心理所有权是相对于真实所有权而提出的，它指的是一种员工心理上的拥有感，一旦员工对品牌拥有了心理所有权就会将品牌视为自我的延伸。品牌心理所有权使得员工产生了对品牌的归属感而产生品牌承诺，也就是品牌心理所有权产生了员工对品牌认同的态度。品牌心理所有权可以产生品牌承诺，但品牌承诺无法产生品牌心理所有权，这是因为品牌心理所有权是员工内心对品牌的拥有感，而品牌承诺是员工与公司品牌保持密切联系一种倾向。当员工感觉她对企业品牌产生拥有感时，就会产生心理的归属感，也就是自身对品牌的归属，这种归属感越强烈，员工对品牌依恋就越深，依恋越深员工就会表现出更高的品牌承诺。根据自我决定理论，只有满足关系、能力和自主三方面的需求，人们才能将外部动机转化为内部动机。而纯粹所有权效应理论表明，如果个体对目标物感到是自己拥有的，那么他们就会对这个目标物产生依恋，相反，如果个体感觉不到目标物是自己的，那么这种依恋感就不会强烈甚至不会存在。派克和舒（Peck & Shu，2009）研究发现，如果一个个体接触过目标物就比没有接触过目标物产生更高的心理所有权感，这种感觉会使得个体在对目标物的评价上趋于赞扬。依恋感和归属感是品牌承诺的核心要素，也就是说，品牌心理所有权能够引起高水平的品牌承诺。

组织心理所有权与组织承诺的关系已被大量研究。万德维尔等人（Vandewalle et al.，1995）研究发现，心理所有权通过影响组织承诺对角色外行为产生影响，即组织承诺是心理所有权影响角色外行为的中介变量；达因等人（2004）发现，在他们调查研究的两个组织中，组织心理所有权与组织承诺呈现正相关关系；皮尔斯等人（1991）则认为心理所有权是组织承诺的前置变量；吕福新和顾姗姗（2007）通过对在中国文化背景下的实证研究，发现情感承诺是组织心理所有权的结果变量。

综上所述，本书可得出以下假设：

H5：员工品牌心理所有权对品牌承诺具有正向影响作用。

皮尔斯等人（1991）认为，心理所有权能够影响包括员工态度和行为以及组织绩效等一系列的组织结果。弗比（Furby，1978）研究发现，如果当个体感觉到自身拥有某个目标物时，就容易引发个体的责任意识，从而引导个体去保护其所有权，进而进一步增强了个体对目标物的所有权感。当企业员工对企业拥有了所有权感时，就会激发员工的责任感和保护欲望，从而增强员工对于企业的责任意识和集体意识，在这一过程中，所有感强烈的员工就会付出更多的努力和精力，从而形成责任意识越强的员工就越可靠，越有更高的成就。在服务行业品牌建设过程中，如果能使员工产生品牌心理所有权就会引发员工对品牌建设的积极情绪，产生对企业品牌的积极评价，所以，企业应该在品牌建设中意识到品牌心理所有权的重要性，通过合适的方式对服务品牌施加影响。一旦员工具有了品牌所有权感，就会更对的从品牌建设角度出发，增强企业品牌价值，这一过程中，员工也会表现出更强的亲民行为。心理所有权还能引发员工的主人翁意识，这种主人翁意识会降低员工的卸责行为，提高员工工作的积极性，提升员工对企业品牌的认知感。研究表明，品牌心理所有权能满足员工对空间、自我效能和自我认同的需要，根据社会交换理论，当员工意识到品牌心理所有权感能够带来这些需求的满足时，员工就会更自发地表现出满足感和责任感，并引发员工的一系列积极的职责外行为，例如主动为顾客澄清品牌误解，主动维护企业品牌形象等。皮尔斯等人（2001）认为，员工的心理拥有感能使员工产生积极的职责外行为，这些行为对于组织是有利的；彭德尔顿等人（Pendleton et al.，1997）则研究发现，所有权的认知过程就是员工行为的转变过程，员工行为会随着对所有权认知的初级阶段到高级阶段而转变，这种转变是高度相关的，员工行为的转变是积极的，有利于组织的，这些行为在组织内外均有体现，例如，帮助新同事介绍品牌理念、主动担当高难度任务，对顾客积极提供帮助，等等。

对心理所有权理论的实证研究表明，心理所有权感越强，员工对企业的责任感就越强，其愿意承担风险的意愿就更强烈和坚持，同时会牺牲个人利益积极维护企业利益（Chung & Moon，2011）。达因等人（2004）研究了心理所有权与员工态度，以及心理所有权和组织公民行为间的关系，发现员工心理所有权感越强，员工表现出的组织公民行为越显著，他们在控制工作满意和组织承诺之后进行了进一步测量发现，心理所有权对组织公民行为存在额外的解释力，也就是说心理所有权能显著影响组织公民行为；万德维尔等人（1995）通过对大学房屋合租者的调查研究，心理所有权能影响满意感，但更能引起积极的角色外行为，如果个体对目标物的心理所有权感水平越高，那么该个体就会表现出更多更积极的角色外行为，这些行为是有利于组织的。国内学者吕福新和顾姗姗（2007）也对心理所有权与组织公民行为的相关性进行了验证，发现本土企业员工心理所有权与组织公民行为密切相关。

由于品牌心理所有权应用于品牌营销领域时间较短，所以目前针对品牌心理所有权与品牌公民行为的关系的研究还较少。通过文献检索发现，我国学者张辉等（2012）通过实证研究证实，品牌心理所有权对员工品牌公民行为的三个维度有积极的正向影响。鉴于心理所有权理论以及品牌公民行为与组织公民行为的相似之处，并结合相关学者的研究，本书认为品牌心理所有权会对品牌公民行为产生积极的影响。

综上所述，本书可得出以下假设：

H6：员工品牌心理所有权对员工品牌公民行为具有正向影响作用。

品牌承诺是员工愿意与品牌保持密切联系的程度和倾向，品牌承诺是员工的一种心理状态，是一种应对意向。品牌内化会使员工产生心理所有权感，员工心理所有权会使员工产生品牌归属感，这种情感使得员工在品牌建设中积极投入，并为品牌目标的实现努力工作，员工对品牌的依恋产生品牌承诺，高承诺下的员工就会与品牌价值融合，将品牌目标内化，从而更加积极的实现企业品牌价值。根据情感—认知一致理论，员工在承诺的情感下会使行为保持与之一致，这种一致性会给员工带来心理上的满足感和工作上的积极努力，但是如果这个一致性未达成或者被破坏，员工就会失去目标，产生心理压力。高承诺状态下，员工对与自身偏好相一致的品牌信息会进一步加强，这个过程反过来加强了员工的品牌承诺，这一情感下，员工的角色外行为就会形成，并逐步稳定。布尔曼等人（2005，2009）在品牌内化机制模型中提出，品牌承诺是品牌公民行为的关键决定因素，布尔曼还通过实证检验了品牌承诺与品牌公民行为的关系；我国学者姚凯等（2010）认为，心理所有权和组织承诺都显著影响角色外行为，心理所有权显著影响组织承诺，作为中介变量，组织承诺更好的解释了角色外行为。

综上所述，本书可得出以下假设：

H7：员工品牌承诺对员工品牌公民行为具有正向影响作用。

3.2.2 员工品牌公民行为与基于顾客的品牌关系的研究假设

员工与顾客的服务接触中，员工的品牌公民行为能够为顾客提供一致的服务和展现企业的品牌理念，所以顾客在服务过程中能通过员工的品牌公民行为获取企业的品牌知识、品牌理念，从而更好地了解企业，认知企业，如果企业的品牌承诺与自身的品牌体验相一致，顾客就会产生对企业品牌的信任。服务过程中，员工的热情服务、乐于主动帮助顾客解释顾客对企业品牌的认知等相关问题，就会使顾客对企业品牌产生兴趣，乐于更多地了解企业品牌，员工这种乐于助人的品牌行为也会使顾客对更清晰的了解企业的品牌形象，而品牌形象会决定顾客的品牌信任（Keller，1993）。顾客在品牌体验过程中，员工积极帮助帮助顾客了解品牌知识，解决与品牌相关的问题，会增加顾客对企业品牌的感知，使顾客更加了解企业履行服务承诺的能力，所以，员工品牌公民行为会使顾客对企业品牌产生信任。在服务接触过程中，员工努力维护企业品牌形象，向顾客解释对品牌的误会，给顾客传递自身对企业的信任和安全感，这些正面信息会强化顾客的品牌信任。顾客由对员工品牌公民行为的信任转化为对企业品牌的信任。员工品牌公民行为中的发展倾向是员工进行企业品牌建设的意愿，当员工乐意将顾客反映的品牌问题反馈给企业，并在反馈中不断提升个人品牌知识的同时，会使顾客感到企业对于品牌和顾客的重视，从而增加顾客的品牌信任。

综上所述，本书可得出以下假设：

H8：员工品牌公民行为对顾客品牌信任具有正向影响作用。

顾客品牌承诺是顾客愿意继续保持与某一品牌的关系或继续购买该品牌的意愿的心理状态，它是一种对某一品牌依恋或优先考虑购买的意识。员工的热情服务、乐于主动帮助顾客解释顾客对企业品牌的认知等相关问题，就会使顾客对企业品牌产生兴趣，乐于更多的了解企业品牌，员工这种乐于助人的品牌行为也会使顾客对更清晰的了解企业的价值，而这一价值最终会影响到顾客与品牌保持长久关系的意愿（Keller，1993）。在服务接触过程中，员工努力维护企业品牌形象，向顾客解释对品牌的误会，给顾客传递自身对企业的信任和安全感，这些会对顾客对企业品牌产生情感依恋提供保障。员工品牌公民行为中的发展倾向是员工进行企业品牌建设的意愿，当员工乐意将顾客反映的品牌问题反馈给企业，并在反馈中不断提升个人品牌知识的同时，会使顾客感到企业对于品牌和顾客的重视，会使顾客对品牌的价值感知增强，产生心理依恋，这种依恋感情会使得顾客乐意与品牌保持长久关系。相反，如果顾客觉察到，自己对企业品牌方面提出的问题得不到企业的重视，就产生失落感，对品牌的归属感就会削弱，那么承诺也就不会出现（Morgan & Hunt，1994）。

综上所述，本书可得出以下假设：

H9：员工品牌公民行为对顾客品牌承诺具有正向影响作用。

根据承诺—信任理论，在关系营销中，顾客品牌信任和关系承诺对于营销能否取得成功有重要影响，同时研究发现，品牌信任会直接影响关系承诺（Morgan & Hunt，1994）。品牌信任度越高，顾客品牌承诺就越可靠，反之，则顾客就缺少品牌承诺，所以品牌信任对顾客品牌承诺具有显著正向影响。顾客信任企业品牌，就会产生依恋情感和安全感，顾客对企业品牌的认知使得顾客相信企业能履行品牌承诺，实现品牌价值，满足自身需求。这种信任使得顾客会从好的方面去评价企业，更愿意与企业保持长久关系,这种意愿在顾客信任中不断增强,进而产生品牌承诺。

综上所述,本书可得出以下假设:

H10:消费者品牌信任对顾客品牌承诺具有正向影响作用。

3.3 实证研究模型

综合本书以上所提理论模型和研究假设,提出本书的实证模型,如图3-2所示:

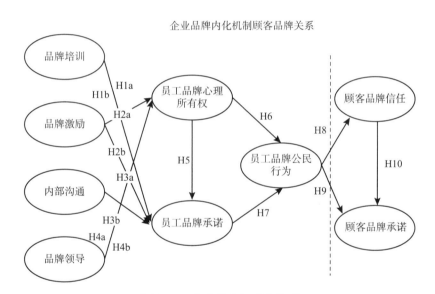

图3-2 本书的实证研究模型

第 4 章

研 究 方 法

本章在之前建立的概念模型与实证研究模型的基础上，将详细阐述调查研究设计方案，并尽可能科学、有效地获取相关数据，对模型进行检验。

本章中，首先，对实证研究的研究层面和研究群体进行了界定；其次，介绍数据收集的方法和收集的人群；然后，详细阐述了量表的设计及概念模型所涉及变量的测量量表的开发；最后，对统计分析使用的数据分析方法进行了详尽地介绍。

4.1 研究层面与研究群体

4.1.1 研究层面

多品牌战略降低了单一品牌可能给消费者带来的认知风险，是大多数公司采用的品牌战略（Wernerfelt，1988；Pitta & Katsains，1995；Erdem，1998）。所以，对于大多数公司来讲，既有公司品牌又有产品品牌。例如，联想的公司品牌为联想，其广告语是"人类失去联想，世界将会怎样"，而它的笔记本电脑拥有两个品牌为 Thinkpad 和 Ideapad；大众汽车公司的公司品牌为大众，它旗下有更多一系列分属不同汽车类型的品牌，例如奥迪、辉腾、途锐、帕萨特等。在服务行业，公司品牌和产品品牌同样共同存在，例如中意人寿保险有限公司，在坚持"中意人寿"的公司品牌的同时，也推出了"一生保""一生真爱"等产品品牌。

在品牌结构方面，阿克（Aaker，1996）认为，品牌可以分为企业品牌、分类品牌、附属品牌等；凯勒（1992）则把品牌分为企业品牌、家族品牌和个别品牌等。一个企业的各个品牌之间是相互关联的。阿克（1996）指出不同品牌所承担的角色不同，最重要的两个角色是驱动者与背书者。凯勒（1998）认为产品品牌主要在于传达产品的特色定位、诉求等，以帮助顾客了解产品的特质利益，而企业品牌使顾客联想到企业的整体信念，包括企业知名度、品质、品牌个性等，能为产品带来额外附加的联想。

通过学者们对于企业品牌与子品牌关系的认识可以看出，各个品牌所处的角色不同，其中重要程度也有差别，可以看出，企业品牌是最重要的。对于产品品牌和企业品牌来说，第一，范围不同。相对于产品品牌，企业品牌覆盖范围更广。第二，定位不同。产品品牌定位于特定产品、服务或特定市场，企业品牌定位于向各目标市场全方位输送企业信息（易牧农，2000）。

本书研究的主题是保险行业品牌内化对员工品牌支持行为的影响及基于顾客的品牌关系，主要探讨保险行业如何建立自己的员工品牌支持行为，及这种行为对基于顾客的品牌关系的影响。所以，本书中所指的品牌是企业品牌，本书的研究层面在于企业品牌，而不是子品牌。阿克和约阿希姆斯塔勒（Aaker & Joachimsthaler，2000）认为，企业品牌是企业名称、标识以及其在重大利益关系人，如顾客、投资者、社区、合作伙伴等，建立起来的联想或者认知。通过以上文献梳理的定义，本书认为企业品牌体现了一个企业的整体精神和价值观，需要成为整个组织系统设计的基本准则和全体员工行为的根本规范。

4.1.2 研究群体

通过对现有文献梳理发现，服务行业关于品牌内化及品牌关系相关研究主要是从组织层面和员工层面进行调研。维拉斯特（2003）探讨在内部品牌管理中领导者扮演的角色时，调研是通过对德国服务行业中的 8 位中高层管理人员的访谈来进行的；德（2006）在探讨服务品牌管理的成功要素中，调研方式采取的是对欧洲服务企业的 68 位管理者进行深度访谈；安吉拉（Angela sinickas，2002）通过对英国金融服务业员工的调查，了解了员工对于企业品牌的认知；哈达克等人（Hardaker et al.，2005）对英国一家服务企业的员工进行了深度访谈，研究员工对于品牌的内在认同与内外部应用；瑟鲁姆等人（2006）通过对英国几家零售银行的员工进行访谈，以调查不同激励方式对不同类型员工（如一线员工与后台员工）的影响；朱克（2002）在对英国 Pearl 保险公司进行研究中，既对管理者也对普通员工实施了访谈；阿略萨等人（2004）对西班牙 BBVA 银行内部品牌培训进行了研究，调研了管理者和普通员工；帕埃斯如和威尔逊（2007）为了研究内部沟通对员工品牌承诺与组织品牌绩效的影响，选择了泰国6家四星级和五星级饭店的747名管理者和普通员工实施了问卷调查。

通过研究成果的梳理，笔者发现调研主体的确定多是根据研究的需要。本书为了研究员工品牌公民行为与基于消费者的品牌表现，确定的研究对象由保险公司员工和顾客组成，所以两个不同的目标群体需要分别研究。在服务行业中，品牌承诺主要通过服务员工在与顾客的互动中进行传递，一线员工在企业品牌价值传递及实现中扮演着至关重要的作用。所以，本书员工品牌公民行为调研主体为保险公司的一线员工。对顾客的调研，主要集中于通过保险公司员工购买过保险产品的顾客，这部分顾客在与保险公司员工的接触中，会切实感受到企业的品牌价值，因此，本书基于顾客的品牌关系调研主体主要是购买过该保险公司产品并且对整个保险行业较熟悉的顾客。

4.2 数据收集

本书在选择实证调研的保险公司时，主要考虑了以下几个方面：首先，为使本书更具有代表性，选取每个层次中具有代表性的保险公司进行调研（根据保险公司规模、市场占有率、收缴保费情况，我国现有保险公司市场可划分为三个梯队，第一梯队是以中国人寿、中国平安为代表。第二梯队是以泰康人寿、新华保险为代表，第三梯队是以生命人寿、民生人寿为代表）。其次，我国加入 WTO 后进一步放开了保险市场，很多国际大的保险公司开始进入国内，本书也注意选取了一部分合资保险公司进行了调研。再其次，保险公司的服务是顾客进行购买决策的重要依据。最后，由于保险行业具有服务高接触性、服务高无形性和服务传递者之间的高依赖性等特点（Schneider et al.，2005），基于顾客的品牌表现才会显著，所以，本书在选取顾客作为调研对象时，顾客必须购买过该保险公司的产品，并且对保险公司有所了解。

在综合考虑上述标准之后，本书选择了中国人寿、中国平安、泰康人寿、新华保险、生命人寿、民生人寿、中意人寿、中英人寿、合众人寿等20 家保险公司作为调研对象。

2015 年 12 月，正式调研在北京、济南两个城市中的保险公司和顾客中进行。保险公司内部以一线员工为调查对象。顾客为购买过该保险公司员工的顾客，每位保险公司一线员工对应两名通过其购买过保险产品的顾客。

笔者调研初期就与几家保险公司的管理层就本书的研究内容和研究对象进行了沟通，他们对本书的研究内容非常认可，调查问卷主要请各保险公司的中层或高层管理者协助发放，并就正式调研问卷进行了专门指导。例如某合资保险公司山东分公司共有四级机构 8 家，一线员工 1200 多人，主要服务顾客 20000 多人，笔者请保险公司从各四级机构分别随机抽取 2名一线员工及每名对应的 2 名服务顾客进行问卷发放。

本次发放问卷 930 份，其中保险公司内部员工发放问卷 310 份，顾客发放问卷 620 份。截至 2016 年 1 月底，回收保险公司员工问卷 295 份，回收顾客问卷 590 份，剔除无效问卷 39 份，最终得到保险公司员工有效问卷 282 份，顾客问卷 564 份，问卷合格率分别为 96%。

4.3 量 表 开 发

4.3.1 量表开发原则

在已有文献中关于品牌公民行为和基于顾客的品牌表现的研究多是质

性的，量化研究较少，所以可借鉴的成熟量表比较少。故本书要根据理论模型遵循科学的设计要求来进行，以尽可能保证量表的可操作性。

（1）明确测量对象。在开发量表前必须明确测量对象，如果在进行量表开发前没有对测量内容形成一个清晰的想法，那么在完成题项编写和数据收集等进大量工作后，再去改变测量内容就要付出相当大的成本。丘吉尔（Churchill，1979）指出必须要在量表开发前研究测量对象，以找出一个理论框架，并按照该理论框架进行问项设计。本书在第3章建立了员工品牌公民行为和基于顾客品牌关系的概念模型，在量表开发部分将根据概念模型的内容展开设计。

（2）建立题项库。题项库应该是一个量表得以形成的丰富的资源（Churchill，1979）。一般来说，题项库应包括两个来源，一个是学者已开发的量表，另一个是自行开发的量表，并根据这两个来源的题项库对相关概念的测量量表进行设计。

（3）多个问项测量。通常来讲，测量方式包括单一问项和多个问项，单一问项是以一个问项完成对一个概念的测量，而多个问项则需要通过多个问项来完成对一个概念的测量。很多心理学者都认为使用多问项方法来综合测量会比较有效（Nunnally & Bemstein，1994；Churchill，1979）。故本书除被调查者信息外（如性别、年龄、学历等），选择使用多个问项量表来测量本书中的所有概念。

（4）保证信度和效度。对于一套合格的测量量表而言，应该具备可接受的信度与效度。为了保证信度和效度，就要对量表进行检验才能正式应用于调研当中。本书将在本节中初始问项设计之后，对开发的测量量表进行检验，通过一系列方法了解信度和效度的基本情况，并据此进行问项的删除、修改和完善，之后将修改后的量表用于正式的问卷调研当中。

4.3.2 量表设计内容

本书的理论模型主要设计品牌培训、品牌激励、内部沟通、品牌领导、员工心理所有权、员工品牌承诺、员工品牌公民行为、顾客品牌认同和顾客品牌承诺共9个概念。其中，培训、激励、沟通、领导、心理所有权、品牌认同和品牌承诺等概念已经进行了大量的测度，本书将借鉴营销学、社会学、心理学、人力资源等领域已有的量表开发成果，同时结合本书的特点，对现有量表进行筛选、整合、修改和完善。

本量表分为两部分，第一部分来自基于保险公司一线员工视角的保险公司内部品牌化支持行为及保险公司品牌内化特征、内化机理等质性研究；第二部分来自基于顾客的品牌表现的相关研究。

1. 品牌培训量表

梅提斯和杰克逊（Matis & Jackson，1991）指出训练是一个学习的过程，通过训练会使人们获得技能、概念和态度等，进而帮助目标的达成。塞耶等人（McHehee & Thayer，1961）认为训练包括一般知识和能力的培养，也包括在执行特定任务时，所必须拥有的知识、技能和态度。IBM、德州仪器等跨国大型企业将员工工资总额的 5% ~ 10% 用于员工培训（Anthony F. Carnevale，1991）。通过梳理已有文献发现，QSP（美国《读者文摘》集团的一家下属公司）、英国 Pear 保险公司、西班牙 BBVA 银行等不同的服务企业都已经开展品牌培训（Faust & Bethge，2003；Zucker，2002；阿略萨等人，2004）。

本书对企业品牌培训这一概念共设计了 3 个问项，参考了蒂莫西 W. A.（Timothy W. A.，2005）关于"品牌价值"的相关问项，萨热诺（Tharenou，2001）关于人力资源的相关研究量表，及布尔曼等人（2009）开发的品牌公民行为研究量表。

品牌培训量表包含以下内容：

公司对员工的培训中包含品牌方面的内容；

公司组织了各种包含品牌内容的培训；

公司关于品牌方面的培训很有效。

2. 品牌激励量表

从已有的研究成果看，在激励的测量上，大多数学者都赞同从内在激励和外在激励两个层面上来进行（MichaelR. Carvell & FrankE. Kuzmits，1982；StephenP. Robbins，1982；高淑玲，1986；简瑟芬，1994；詹益统，1996）。卡维尔和库兹米茨（Carvell & Kuzmits，1982）认为内在激励包括尊重、升迁机会与工作环境等,而外在激励则对应两大部分,其中一部分为金钱报酬,如工资、奖金等;另一部分为福利,如保险、退休金等。吴复新(1993)通过研究进一步指出,内在激励应是与工作本身有关的因素,当那些与工作满足有关的愉悦感受因素存在时,就会使员工产生工作满足感,从而产生良好的工作表现,这些因素又称为满足因素或激励因素;而外在激励则是指与工作环境有关的因素,这是大多与工作不满足有关的感受,当这些因素不存在时,员工就会产生工作不满足的感受,这些因素又称为不满足因素或保健因素。

研究发现,升迁是衡量激励的一个重要指标,可以大大激发组织成员的工作意愿,而产生自动自发的工作精神(陈文彬,1993)。奥尔德弗(Alderfer)将激励按需求分为三类,第一类是生存需求,这反映为工资奖金等物质激励;第二类是关系需求,反映为被尊重和被鼓励的激励;第三类是成长需求,主要反映在职务升迁上。本书对企业品牌激励这个概念共设计了4个问项,参考了米贝瓦(Minbaeva,2003)的问项"在分公司里,是否表现好的员工有机会被提升更高的职位";蒂莫西(2005)的测量问项"年度绩效评估包括品牌价值传播的考量"及布尔曼等人(2009)开发的品牌公民行为研究量表。

品牌激励量表包含以下内容:

如果我做了有益于公司品牌方面的事,会得到物质奖励;

如果我做了有益于公司品牌方面的事,会得到表扬和赞赏;

公司在做出晋升决策时会考虑员工对企业品牌形象的贡献;

公司在绩效考核时会考虑员工对企业品牌形象的贡献。

3. 品牌内部沟通量表

西蒙(Simon,1976)指出"无沟通,即无组织"。迈斯特尔(Maister,2003)对全美29家上市公司所进行的企业获利调查报告显示,对于组织绩效佳、企业获利稳定的企业,都有着积极的内部沟通,报告认为,组织内部良好的沟通是影响企业获利的重要因素。台湾学者吴秉恩(1986)认为沟通有四项目的,即表达感情;激励士气;资讯传递;任务控制。对于沟通类型,学者们有着不同的认识。拉夫和彭罗斯(Lahiff &

Penrose，1997）认为沟通可以区分为三类，即上行沟通、下行沟通和平行沟通。上行沟通是以自下而上的方式进行，下级人员通过报告或建议的方式对上级主管反映其意见或建议；下行沟通是以自上而下的方式进行，是把沟通讯息或指导意见依据职权线，由上级传递给下级；平行沟通主要发生于不同的指挥系统之间，所以又称跨越沟通，如果组织内部职能区分越细，那么平行沟通就越重要。赞贝林（2005）对提出了品牌信息进行内部沟通的三种形式，包括中心沟通、垂直沟通和水平沟通。在中心沟通中，企业的核心部门发布沟通信息，其他部门进行参与；垂直沟通则起始于组织的高层，依权职层级依次传递；水平沟通为员工之间的信息沟通，打破了层级和部门的界线。

唐斯和黑曾（Downs & Hazen，1977）发展了一套沟通量表（CSQ），该量表共包含 8 个构面，分别为一般组织展望、个人回馈、组织整合、与上级沟通、沟通气候、水平与非正式沟通、媒体品质和与部属沟通。平卡斯（Pincus，1986）沿用了 CSQ，并增加了高阶管理沟通这一构面。台湾学者李元墩、蔡文渊（1997）在"台湾企业员工沟通量表建构"中，建构了高阶主管沟通、沟通气候、与部属的沟通、与直接主管的沟通、整体组织的运作、平行与斜行的沟通、非正式沟通 7 个构面。本书对组织内部沟通这一概念设计了 4 个问项，参考了 CSQ 以及平卡斯的测量量表中的问项，以及帕埃斯如和威尔逊（2011）关于评估员工对特定品牌内部沟通的看法的测量问卷。

品牌内部沟通量表包含以下内容：

内部讨论时，我能清晰地了解公司的品牌使命；

上级（部门）很容易将品牌信息传递给下级（部门）；

下级（部门）很容易将品牌信息传递给上级（部门）；

我所在的部门与其他部门能有效地沟通品牌信息。

4. 品牌领导量表

俄亥俄州立大学（Ohio State University，1945）认为领导可以通过两个构面来测量，第一个是"关怀"，即领导者愿意和下属建立相互信任、给予尊重及相互了解的程度；第二个是"规定"，指领导者对于下属地位、工作方式等应有的规章和规定。李克特（Likert，1947）认为领导可分为两种类型，"工作中心制"和"员工中心制"。前者指领导以工作分配、严密监督和依规定形式完成工作为重心；后者则指领导以员工需要和满足为重心，利用群体达成目标，给予了员工较大的自由空间。

布莱克和莫顿（Blake & Mouton，1964）同样提出以两个构面来测量领导方式，分别为"关心生产"与"关心人员"。他们认为最为有效的领导方式是既不偏于工作也不偏于人员，而是两者兼顾。

综合以往该领域学者的观点，关于领导角色的测量多从"工作"和"员工"两个构面来进行测量。也有学者从一个构面展开，如希特和霍斯金森（Hitt & Hoskisson，2001）针对策略性领导（strategic Leadership）进行了研究，并提出六个衡量构面，定策略方向、开发及维持核心竞争力、发展人力资本、维持有效的组织文化、重视伦理实践和建立平衡的组织控制。格林（Green Leaf，1970）提出了服务性领导（Survant Leadsllip），并提出了10个特征，即善于倾听、具有同情心、善于抚慰心灵、自我认知、善于说服他人、全局观念、远见卓识、管家精神、培养他人和建设社区。我国学者吴维库和姚迪（2009）以这10个构面进行了实证研究，通过了实证检验。本书对品牌领导这一概念共设计了5个问项，主要参考俄亥俄州立大学（1945）的二维量表、格兰特（Grant，2001）关于领导在品牌管理中的角色量表、罗尔克（Rolke，2004）对领导者形象与企业品牌形象正相关的实证研究相关量表、巴斯（Bass，2004）的多元领导量表以及莫哈特等人（2009）针对特定品牌的变革型领导特征的测量量表等。

领导特征量表包含以下内容：

我的主管评价我的工作时会考虑我为公司品牌所做的贡献；

公司领导明确表述了我们企业的品牌愿景；

当谈到我们企业品牌时，公司领导会表现出坚定的信心；

公司领导明确提出了公司品牌的重要性；

我的主管会帮助我成长，希望我成为我们公司品牌的代表。

5. 员工品牌心理所有权量表

针对心理所有权测量方面的研究需要进一步探索。目前大部分研究者都使用二手数据进行研究,尽管如此,也面临着巨大挑战,主要因为这些研究主要是渐渐地检验了理论假设,而并未对心理所有权进行测量(Wasserman N,2006)。

为了更好测量个体对目标的心理所有权感,皮尔斯(1992)设计了相应的测量量表,实现了能实证检验心理所有权概念。心理所有感的测量量表被大多数学者所采用,范达因等人(Van dyne et al.,2004)检测量表后发现,量表表现出了信度理想,使用该量表针对工作满意感、组织内自尊和组织承诺与测量出的心理所有权之间具有良好的区分效度,同时,该测量量表对组织公民行为、角色外行为亦表现出预期的预测效度。

本书对员工品牌所有权这一概念共设计了4个问项,主要参考范达因等人(2004)、皮尔斯(2004)的心理所有权量表和侯等人(Hou et al.,2009)的出租车特许品牌的心理所有权量表测量品牌心理所有权。

员工品牌心理所有权量表包含以下内容:

这个品牌是我的;

这个品牌是我们的;

我对这个品牌感到有较高程度的个人所有权;

大多数为该公司工作的人感到他们拥有这个品牌。

6. 员工品牌承诺量表

本书对员工品牌承诺量表共设计了5个问项,主要参考了以往对组织承诺研究中的量表(O' Reilly & Chatman,1986;Meyer & Allen,1991)。梅耶和艾伦(Meyer & Allen's,1997)从情感、持续性和规范性三个维度对组织承诺进行了检验。情感承诺是对组织的感情依恋,相对于持续性和规范性承诺来说,情感承诺具有更高的影响。所以,本书参考了品牌承诺的情感维度设计测量量表,来测度员工的品牌承诺,测量员工的品牌认同和参与度。

员工品牌承诺量表包含以下内容:

我经常会告诉我的朋友我在一个很好的公司工作;

我会很自豪地告诉别人,我是我们公司的一部分;

对我而言,我是在为所有保险公司品牌中最好的一个保险公司而工作；

我非常高兴我选择了在这个保险公司工作；

我确实很在意我们公司的品牌名字。

7. 员工品牌公民行为量表

莫哈特等人（2009）将员工品牌建设行为定义为，员工为一个以消费者为导向的品牌建设的组织所做出的工作职责内、外的贡献，额外角色的品牌建设行为（Extra-role brand-buildingbehavior）被定义为一种员工行为，它为了良好的企业品牌而超出了规定角色，它是可自己支配的，它被认定为是超出了在品牌行为中角色的员工公民行为。所以，我们可以认为，工作中的积极参与，工作外的对企业的正面口碑被确定为额外角色的品牌建设努力。那么积极的工作参与和自己对企业的口碑可以被用来作为测量员工品牌公民行为的度量项。

本书对员工品牌公民行为量表共设计了 6 个问项，主要参考了阿内特、哲曼和亨特（Arnett、Germen & Hunt，2003）和贝当古（Bettencourt，1997）相关研究中的量表。

员工品牌公民行为量表包含以下内容：

我会与我认识的人讨论我们的公司；

当我和朋友在一起时，我会以一种积极的方式谈论我们公司；

在社交场合，我经常自豪的谈论我们公司；

我会给我的领导提建议如何提升我们公司的品牌形象；

我曾就如何提高客户体验提出了建设性意见；

如果我有一个如何提高我们公司品牌表现的想法时，我会跟领导分享。

8. 基于顾客的品牌信任量表

品牌信任的衡量强调消费者对组织可信赖度和可靠度的期望。因此，对品牌信任的度量主要是基于信任的三个方面：可靠、诚实和安全。

本书对基于消费者的品牌信任量表共设计了 4 个问项，主要参考乔杜里和霍尔布鲁克（Chaudhuri & Holbrook，2001）、何佳讯（2006）和谢丽珊等（2010）相关研究中的测量量表。

基于消费者的品牌信任量表包含以下内容：

我相信该公司品牌；

我信任该公司品牌；

该公司是个诚实的品牌；

该公司是个安全的品牌。

9. 基于顾客的品牌承诺量表

消费者品牌承诺被认为是消费者对品牌的情感依附。这是关于消费者是否继续他或她与品牌的关系，并继续使用品牌的意愿（Delgado – Ballester & Munuera – Aleman，2001），也即是不管环境是可预见还是不可预见，消费者与品牌保持长久关系的行为意图。

本位对基于消费者的品牌承诺量表设计了 3 个问项，主要参考了布尔曼等人（2009）、何佳讯（2006）和谢丽珊等（2010）相关研究中的测量量表。

基于消费者的品牌承诺量表包含以下内容：

我认为我自己是忠诚于该保险公司品牌的；

对我而言，该公司是市场上最好的保险公司品牌；

我会向别人推荐该保险公司。

4.3.3 量表检验

效度问题是量表中对一个特定变量测量的充分性问题。内容效度（content validity）则涉及题项取样的充分性问题，也就是说，一个特定的题项集合对于一个内容范畴的反映程度。从理论上来讲，内容效度是研究最初的实证效度，一般是由该领域中专家的判断来进行确定的（Nunnally & Bemstein，1994）。所以，内容效度具有主观性，尽管它不是量表效度的充分指标，但对于量表分值的常识性解释具有重要作用。

为了确保量表的内容效度，在本量表设计过程中，首先，笔者请 1 名市场营销领域的副教授和 3 名市场营销专业的博士生逐一解释对问项的理解，并判断每个问项是否可以归入它所属的概念。若其中有 2 人以上认为一个问项不能很好解释它所属的概念，就将此问项删除。其次，由于测量问卷主要参考了一些国外量表中的问项，所以，笔者对照参考量表进行了2轮的英汉互译，从而形成初始量表。初始量表形成后，继续请以上团队对翻译是否合适以及用词是否得当等问题进行判断，并对某些翻译问项进行了调整、某些词句表述进行了修改。最后，笔者对形成的测量问卷进行了小范围的问卷测试。为了对问卷进一步检验，邀请某保险公司一线员工（5人）和该保险公司的客户（10人）对问卷进行了试填答，并征询了他们回答问卷时的感受。同时，还对其中3名一线员工和3名该保险公司客户进行了深入访谈，征询他们对于调查问卷的意见和建议，然后，对他们认为难以理解的问项、模棱两可的说法和难以填答的问题进行了讨论，并根据讨论结果，对调查问卷的措辞以及语句结构进行了调整。

本书最终形成了预调研的问卷，共计38个问项。所有量表都采用1~7级的Likert量表，其中，1表示非常不同意，7表示非常同意。

4.4　数据分析方法

本书主要使用了结构方程、方差分析等数据分析方法，运用SPSS 19.0和Amos 21.0统计软件对收集到的数据进行信度和效度检验，并利用Amos 21.0统计软件进行了研究假设的检验和模型的验证。

4.4.1　描述性统计分析

描述性统计分析是进行正确统计推断的基础。本书主要使用百分比、均值、峰度、偏度等方法，来了解调研样本的基本情况和特征。具体而言，本书通过SPSS 19.0统计软件获得调研样本在性别、年龄、学历等的基本信息和收入的分布情况，从而对调查样本的分布合理性、代表性以及应用于数据分析的可行性等方面做出客观的评价；计算各变量的平均值、标准差、峰度和偏度等基本统计值，通过这些统计值总结出服务品牌内化对员工品牌公民行为的影响及其对基于顾客的品牌关系的影响的基本特征，获取一些最基本的认识和判断。

4.4.2　信度与效度分析

1. 信度分析

信度（Reliability）是指量表在衡量各构面是否具有一致性和稳定性，也就是对同一总体进行重复调查或检验，得到的结果一致的程度（Aiken，2004）。本书采用目前社会科学研究领域最常采用 Cronbach's Coefficient α 值来检验同一构面下各测量项目之间的一致性程度。

Cronbach's Coefficient α 的计算公式如下：

$$\alpha = \frac{N\tilde{\gamma}}{(N-1)\tilde{\gamma}+1}$$

其中，N 代表测量项目的数量，$\tilde{\gamma}$ 代表各测量项目之间的平均相关系数。Cronbach's Coefficient α 的值越高，那么测量题项的一致性程度就越高，对于探索性研究，$\alpha > 0.6$ 即是可以接受的水平。

2. 效度分析

效度（Validity）是指测量工具能够正确测出所要衡量的项目特质的程度，一般可分为内容效度、预测效度和结构效度三种（Aiken，2004）。本书采用内容效度（Content Validity）和结构效度（Construct Validity）来检验测量工具的效度。结构效度可以通过检验其与其他结构的相关性，并使之与预期相比较的方法来加以评价，结构效度包括收敛效度（Convergent Validity）和区分效度（Discriminant Validity）。内容效度指测量工具或手段能够准确反映所需测量物的程度，通过专家学者的定性判断（Nunnally & Bernstain，1994）；收敛效度，是指运用不同测量方法测定同一特质所得结果的相似程度，需要考察每个测量项目在其相应潜变量上的标准化因子载荷（一般来说，标准化的因子载荷最好能大于 0.7），计算每个潜变量的平均析出方差（Average Variance Extracted，AVE），AVE 值大于 0.5 时，就意味着解释了 50% 或更多的方差（Chin，1998）；区分效度是指一个潜变量与其他潜变量之间的不相关程度（Campbell，1960），如果每一个潜变量的 AVE 值都大于 0.5，就代表这一潜变量与其测量项目之间的共同方差大于与其他潜变量之间的共同方差（Chin，1998），也就具备了区分效度。

4.4.3 方差分析

方差分析（Analysis of Variance，ANOVA）用于两个及两个以上样本均数差别的显著性检验。方差分析的目的就是通过数据分析找出对事物有显著影响的因素，以及各因素之间的交互作用和显著影响因素的最佳水平。本书通过方差分析检验人口统计特征对于保险行业品牌内化及顾客的品牌关系是否存在显著差异。

4.4.4 结构方程模型

结构方程模型（Structural Equation Modeling）一般用于分析复杂的多变量研究数据，该模型将统计学里的因子分析（Factor Analysis）与路径分析（Path Analysis）两种统计技术有效地整合在一起，从而成为社会科学量化研究中具有指标性的分析技术。结构方程模型是一种建立、估计和检验因果关系模型的方法，能够比较及评价不同的理论模型，可以替代多重回归、协方差分析、因子分析等方法，分析单项指标对总体的作用和单项指标间的相互关系等（邱皓政，2003）。目前可以利用 LISREL、AMOS、EQS 和 Mplus 等统计软件来处理结构方程模型。而结构方程模型的衡量指标主要包括 $\frac{x^2}{df}$ 值、GFI、NFI、NNFI（TLI）、SRMR、RMSEA 等。

本书将通过以上指标的数值来评价结构方程模型的拟合度。

第5章

数据分析与假设检验

本章通过对回收的调查问卷进行数据处理，对第3章提出的理论模型和研究假设进行了检验。本章具体分为三个部分：首先，对数据进行了描述性统计分析；然后，根据第4章研究设计中的相关指标对各潜变量的信度和效度进行检验；最后，本章对结构模型进行检验，并对员工和顾客的人口学特征进行了统计分析，研究了他们的人口学特征对员工和顾客的品牌行为和态度的影响。

5.1 数 据 描 述

首先笔者对数据进行了描述性统计分析，然后对测量模型进行了检验，包括同源误差检验、结果变量的探索性因子分析和测量模型的信度和效度检验，最后对结构模型进行了检验。

5.1.1 样本数据的描述性统计分析

在进行测量模型和结构模型检验之前，首先对样本的人口统计学特征进行了描述性统计分析，见表5-1所示。

表5-1 问卷调查样本概况

人口统计特征		顾客		员工	
	单位编号	频数	频率（%）	频数	频率（%）
性别	男	256	45.40	116	41.10
	女	308	54.60	166	58.90
年龄	25岁及以下	44	7.80	26	9.20

人口统计特征	单位编号	顾客		员工	
		频数	频率（%）	频数	频率（%）
年龄	26 岁~35 岁	344	61.00	184	65.20
	36 岁~45 岁	152	27.00	64	22.70
	46 岁及以上	24	4.30	8	2.80
	高中（中专）及以下	36	6.40	6	2.10
受教育程度	大专	132	23.40	44	15.60
	本科	344	61.00	202	71.60
	研究生及以上	52	9.20	30	10.60
	3500 以下	116	20.60		
月收入	3500~8000 元	276	48.90		
	8000~12000 元	116	20.60		
	12000~20000 元	40	7.10		
	20000 元以上	16	2.80		
入职年限	1 年以下			50	17.70
	1~3 年			78	27.70
	3~5 年			78	27.70
	5~10 年			58	20.60
	10 年以上			18	6.40
合计		564	100.00	282	100.00

从上述基本情况来看，顾客的男女性别比例比较接近，分别为45.40%和54.60%；而员工部分则女性比例略高于男性，女性为58.90%，男性为41.10%。从年龄上分析，26～35岁的顾客占比61.00%，并且排名第二的为36～45岁的顾客，占总数的27.00%，这说明产品的受众主要为中青年。在员工分组部分，26～35岁的员工占总员工的65.20%，排名第二的同样为36～45岁，占比22.70%，说明调查对象的年龄结构相对比较合理，从事保险行业的大部分为中青年人。在顾客文化程度方面，大专及以上占比93.60%，而员工的文化程度为大专及以上的占比则达到了97.80%，这说明保险行业的员工都是知识型，而对保险产品接受程度较高的也是高知型人群。从顾客的月收入的角度分析，购买保险产品的顾客月收入主要集中在12000元以下，调查对象中，月收入超过12000元的仅占比9.90%，提现的保险的保障型功能和普通知识型

白领对未来的保障的关注以及内心的不安全性。从员工的入职年限分析，保险公司员工主要集中在入职 1 ~ 10 年之间，占比 75.50%，这与我国保险行业起步较晚有关，也就是在近几年保险行业的发展中，越来越多的人进入到保险行业工作。

本书对样本所有潜变量的均值、标准差、相关系数和 AVE 值进行了计算，以更好地了解各个潜变量之间的相互关系和相互之间关系的总体特征，如表 5 - 2 所示。在品牌培训、品牌激励、品牌沟通、品牌领导、品牌心理所有权、员工品牌承诺、员工品牌公民行为、顾客品牌信任和顾客品牌承诺 9 个潜变量中员工品牌公民行为的均值最大，为 6.08，其他潜变量均值也都在 5.3 以上。9 个潜变量中顾客的品牌承诺评分最低，说明顾客的品牌承诺相对满意度不够，同时顾客的品牌信任这一数值相比也不是很高，说明顾客对品牌信任程度也偏低。

表 5 - 2　　　　　　　　　　各潜变量之间相关关系

潜变量	均值	标准差	品牌培训	品牌激励	内部沟通	品牌领导	心理所有权	员工品牌承诺	员工品牌公民行为	顾客品牌信任	顾客品牌承诺
品牌培训	5.54	1.15									
品牌激励	5.73	1.16	0.85								
内部沟通	5.54	1.11	0.88	0.84							
品牌领导	5.46	1.15	0.81	0.83	0.85						
心理所有权	5.87	0.89	0.81	0.83	0.81	0.78					
员工品牌承诺	5.67	1.03	0.80	0.88	0.80	0.74	0.82				
员工品牌公民行为	6.08	1.00	0.67	0.75	0.76	0.71	0.80	0.86			
顾客品牌信任	5.36	1.28	0.80	0.87	0.81	0.85	0.81	0.80	0.75		
顾客品牌承诺	5.35	1.48	0.83	0.89	0.87	0.88	0.85	0.89	0.79	0.81	

5.1.2　数据质量分析

本书在通过探索性因子分析确定量表的项目之后，再次征询有关专家学者对该量表的意见和建议，并在此基础上最终确定了量表的内容。随后，本书使用验证性因子分析的方法对最终量表的稳定性进行了进一步的验证，分析中使用了 SPSS 19.0 软件。

1. 同源误差检验

同源误差，是指由于同样的数据来源或评分者、同样的测量环境、项目语境以及项目本身特征所造成的预测变量与效标变量之间的人为的共变性。它是源于测量方法而不是研究构念的一种变异，这里的方法包括不同的抽象水平，如特定条目内容、问卷类型、反应形式、一般测试环境等。在最抽象水平上，方法效应可以解释为诸如光环效应（Halo effect）、社会赞许性、熟悉—宽容效应或是—否一致性反应等。共同方法偏差在心理学、行为科学研究尤其是在问卷法中广泛存在。

为了尽可能地降低同源误差，增强问卷的稳定性，本书采用了答卷者信息隐匿法，这一方法能够有效减轻同源误差对问卷结果的干扰，例如在正式的调查问卷中，明确标注"答案没有是非对错之分，亦不涉及商业机密，因此请根据您自己的认识和判断如实填写"等。此外，本书还选取欧根等（Podsakoff & Organ，1986）建议的哈曼（Harman）单因子检测方法来检验问卷调查的同源误差，即将问卷包含的所有题目一起进行主成分分析，观察第一主成分的载荷值，这代表了问卷的同源性。本书将问卷包含的所有题目一起做因子分析，得到的第一个主成分占到的载荷量是38.9%，可见并没有占到多数，所以证明本书的同源误差并不严重。

2. 信度检验

本书使用内部一致性系数（Cronbach'α）检验变量衡量的信度，信度检验结果（表 5 – 3）显示，顾客导向行为的 2 个维度和企业品牌内化 7 个维度，其变量的 α 值均超过了 0.70 的临界值（Nunnally，1978），表明 9 个维度均具有较高的信度。

表 5 – 3　　　　　　　　　量表的信度检验结果

潜变量	可测变量个数	Cronbach's Alpha
品牌培训	3	0.923
品牌激励	3	0.934

续表

潜变量	可测变量个数	Cronbach's Alpha
内部沟通	4	0.933
品牌领导	3	0.933
心理所有权	3	0.869
员工品牌承诺	3	0.927
员工品牌公民行为	4	0.910
顾客品牌信任	3	0.975
顾客品牌承诺	3	0.916

变量衡量的效度包括内容效度和结构效度两方面，结构效度又包括收敛效度和区分效度。由于本书所采用的问卷中使用的量表都是建立在国内外学者已有实证研究成果的基础之上，结合相关领域的专业人士、教授、研究生以及消费者等的意见与建议，经过多次会议讨论和修改而成，因此问卷量表具有较好的内容效度。

3. 内容效度检验

本书量表是基于中国国情，在已有的量表开发成果下，根据研究需要，对现有量表进行筛选、整合、修改和完善而得到的。在量表的开发过程中，笔者邀请 1 名市场营销领域的副教授和 3 名市场营销专业的博士生逐一解释对问项进行研判、对国外量表进行了 2 轮的英汉互译。初始量表形成后，笔者继续请以上团队对翻译是否合适以及用词是否得当等问题进行判断，并对某些翻译问项进行了调整、某些词句表述进行了修改。最后，对形成的测量问卷进行了小范围的问卷测试。为了对问卷进一步检验，笔者邀请某保险公司一线员工普通员工（5 人）和该保险公司的客户（10 人）对问卷进行了试填答，并征询了他们回答问卷时的感受。同时，还对其中 3 名一线员工和 3 名该保险公司客户进行了深入访谈，根据访谈结果，对调查问卷的措辞以及语句结构进行了调整。因此，本书的员工品牌公民行为测量工具具有较好的内容效度。

4. 探索性因子分析

由于本书中涉及的变量包括基于顾客品牌关系的 2 个维度和员工品牌公民行为的 7 个维度，所以一方面本书对基于顾客的品牌关系的 2 个维度和员工品牌公民行为的 7 个维度进行结构效度检验，另一方面，本书进行了探索性因子分析，对结果的载荷矩阵进行了正交旋转。结果表明 29 个题项明显汇聚为 8 个因子，分别代表了品牌培训、品牌激励、内部沟通、品牌领导和心理所有权、员工品牌承诺、员工品牌公民行为、顾客品牌信任、顾客品牌承诺，见表 5 - 4。

表 5 - 4　　　　　　　　　探索性因子分析结果

因子	Factor1	Factor2	Factor3	Factor4	Factor5	Factor6	Factor7	Factor8
EBT1				0.62				
EBT2				0.69				
EBT3				0.66				
EBM1					0.47			
EBM3					0.67			
EBM4					0.56			
BIC1			0.58					
BIC2			0.65					
BIC3			0.67					
BIC4			0.68					
EBL2		0.73						
EBL3		0.70						
EBL4		0.77						
BPO1							0.47	
BPO2							0.58	
BPO4							0.53	
EBC1	0.53							0.44
EBC2	0.55							
EBC4								0.49
BCB1	0.63							
BCB3	0.71							
BCB4	0.61							
BCB6	0.72							
CBT1						0.47		
CBT3						0.67		
CBT4						0.72		
CBC1		0.45						

续表

因子	Factor1	Factor2	Factor3	Factor4	Factor5	Factor6	Factor7	Factor8
CBC2		0.48						
CBC3		0.53						
EBT1				0.62				
EBT2				0.69				
EBT3				0.66				
EBM1					0.47			
EBM3					0.67			
EBM4					0.56			
BIC1			0.58					
BIC2			0.65					
BIC3			0.67					

各因子的累计的方差贡献率为 0.817，2 个变量汇聚成 8 个特征根大于 1 的有效因子，每个因子的载荷都大于 0.4。因此可以认为量表有较为不错的信度。

5. 验证性因子分析

由于本书中涉及的变量包括基于顾客的品牌关系的 2 个维度和员工品牌公民行为的 7 个维度，涉及参数较多，而根据 Bentler 在相关研究中涉及的观点，至少要 5 个样本来估计一个参数，而本书中的样本个数相对较少，因此为了测量模型的效度，本书使用验证性因子分析分析。本书对 29 各题目，9 个潜变量进行构建模型，进而对构建模型的效度进行检验。

从表 5 – 3 中，我们可以看出 Cronbach's Alpha 均大于 0.7，说明 9 个分量具有较好的内部一致性，验证性因子分析表明 9 个维度变量指向相应题项的标准化路径系数均且统计显著（p < 0.01），组合信度 CR > 0.9，平均提取方差 AVE > 0.5，表 5 – 5 中显示了各变量间的相关系数，各潜变量间的相关系数在 0.71 ~ 0.90 之间，各相关系数 95% 的置信区间内均不包含 1。由此可以说明自变量的效度是可以接受的。

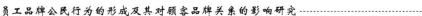

表5-5 各变量间相关系数

变量	品牌培训	品牌激励	内部沟通	品牌领导	心理所有权	员工品牌承诺	员工品牌公民行为	顾客品牌信任	顾客品牌承诺
品牌培训	1.00								
品牌激励	0.85	1.00							
内部沟通	0.88	0.84	1.00						
品牌领导	0.81	0.83	0.85	1.00					
心理所有权	0.81	0.83	0.81	0.78	1.00				
员工品牌承诺	0.80	0.88	0.80	0.74	0.82	1.00			
员工品牌公民行为	0.67	0.75	0.76	0.71	0.80	0.86	1.00		
顾客品牌信任	0.80	0.87	0.81	0.85	0.81	0.80	0.75	1.00	
顾客品牌承诺	0.83	0.89	0.87	0.88	0.85	0.89	0.79	0.81	1.00

同时表5-6显示各29个显变量与对应潜变量之间的路径系数和效度检验,所有系数的p值均<0.001,均达到同级以上的显著。我们可以明显看出9个测量问项解释各自变异程度均高于其他潜变量,说明显变量的解释效果好于潜变量之间的相互影响,说明9个自变量的效度是可接受的。

表5-6 路径系数与效度检验

变量	显变量	标准化参数	t值	CR
品牌培训	EBT1 ←——EBT	0.86	12.54	0.90
	EBT2 ←——EBT	0.91	13.84	
	EBT3 ←——EBT	0.95	14.94	
品牌激励	EBM1 ←——EBM	0.82	11.74	0.88
	EBM3 ←——EBM	0.93	14.51	
	EBM4 ←——EBM	0.94	14.65	
内部沟通	BIC1 ←——BIC	0.92	14.18	0.88
	BIC2 ←——BIC	0.90	13.74	
	BIC3 ←——BIC	0.86	12.63	
	BIC4 ←——BIC	0.84	12.24	

续表

变量	显变量	标准化参数	t 值	CR
品牌领导	EBL2 ←—— EBL	0.86	12.77	0.87
	EBL3 ←—— EBL	0.90	13.65	
	EBL4 ←—— EBL	0.83	11.94	
员工心理所有权	BPO1 ←—— BPO	0.75	10.16	0.80
	BPO2 ←—— BPO	0.79	10.83	
	BPO4 ←—— BPO	0.87	12.58	
员工品牌承诺	EBC1 ←—— EBC	0.89	13.41	0.85
	EBC2 ←—— EBC	0.89	13.4	
	EBC4 ←—— EBC	0.93	14.38	
员工品牌公民行为	BCB1 ←—— BCB	0.69	9.06	0.79
	BCB3 ←—— BCB	0.87	12.85	
	BCB4 ←—— BCB	0.78	10.82	
	BCB6 ←—— BCB	0.83	11.81	
顾客品牌信任	CBT1 ←—— CBT	0.90	13.72	0.95
	CBT3 ←—— CBT	0.99	16.31	
	CBT4 ←—— CBT	0.97	15.84	
顾客品牌承诺	CBC1 ←—— CBC	0.86	12.59	0.89
	CBC2 ←—— CBC	0.92	14.13	
	CBC3 ←—— CBC	0.90	13.75	

特别地，由于本书包含的全部研究变量的数据收集工作均是通过两份调查问卷进行的，并且每份调查问卷中的各个变量的测量题项均是由同一名被调查者进行填写，进而可能会产生同源性方差的问题。因此本书采用哈曼单因素检测方法，对研究的同源性方差问题进行了检测。根据欧根等（Podsakoff & Organ，1986）的研究成果：如果一个总因子的特征值在所有变量中占有绝大多数的协方差比率，则表明存在显著的同源偏差问题；如果第一个因子的方差解释率低于50%，则表明同源性方差不严重。本书借助 SPSS19.0 统计分析软件进行检验，将问卷中的所有测量题项一起做因子分析，在未旋转时得到第一个主成分占到的载荷量并没有占到多数，这说明本书数据的同源性偏差问题不严重，不会对研究结论造成实质性的影响。

5.1.3　结构模型检验

验证性因子分析表明 9 个维度变量指向相应题项的标准化路径系数均且统计显著（p < 0.01），组合信度 CR > 0.9，平均提取方差 AVE（0.677）> 0.65，各相关系数 95% 的置信区间内均不包含 1。表 5 - 7 中显示了标准化路径系数，在 14 条假设检验中有 10 条接受。

根据探索性因子分析的结果，使用 R 软件拟合验证性因子分析模型，使用极大似然估计的方法得到的结果，模型中潜变量到各测量题项的标准化路径系数均显著（p < 0.01），如表 5 - 7 所示。

表 5 - 7　　　　　　　　　　结构方程模型的拟合指标值

拟合指标	$\chi^2/\mathrm{d}f$	GFI	CFI	NFI	RMSEA
修正模型	1.837	0.777	0.941	0.880	0.111

如表 5 - 7 所示，绝对拟合指数 χ^2 = 626.4754，自由度为 341，$\chi^2/\mathrm{d}f$ = 1.837，RMSEA = 0.111，RMR = 0.0773，NFI = 0.880，相对拟合指数 NNFI = 0.929，CFI = 0.941，IFI = 0.942，GFI = 0.777，总体来说，结果表明验证性因子分析模型与数据整体拟合良好。

同时对应我们的原模型的假设进行假设检验，对研究提出的全部 14 项假设检验，其中 10 条接受，4 项并未得到显著地支持，结果见表 5 - 8。

表 5 - 8　　　　　　　　　　模型假设检验结果

假设	变量之间的关系	Estimate	Pr(> |z|)	假设检验结果
H1a	BPO ←——EBT	- 0.01	0.86	拒绝
H2a	BPO ←——EBM	0.34	0.00	接受
H3a	BPO ←——BIC	0.27	0.01	接受
H4a	BPO ←——EBL	0.34	0.00	接受
H1b	EBC ←——EBT	0.13	0.21	拒绝
H2b	EBC ←——EBM	0.15	0.26	拒绝

假设	变量之间的关系	Estimate	Pr(> │z│)	假设检验结果
H3b	EBC ←——BIC	-0.09	0.54	拒绝
H4b	EBC ←——EBL	0.42	0.00	接受
H5	EBC ←——BPO	0.95	0.00	接受
H6	BCB ←——BPO	0.66	0.00	接受
H7	BCB ←——EBC	0.81	0.00	接受
H10	CBC ←——CBT	0.25	0.06	接受
H8	CBT ←——BCB	1.13	0.00	接受
H9	CBC ←——BCB	1.62	0.00	接受

通过假设检验，得到了模型的路径关系如图 5 - 1 所示，图中的虚线表示 $*p > 0.1$。

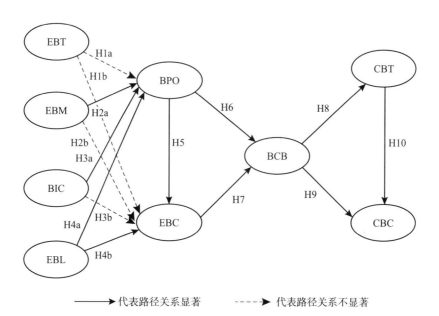

图 5 - 1 模型路径关系

在图 5 - 1 中，EBT = 员工品牌培训；EBM = 员工品牌激励；BIC = 品牌内部沟通；EBL = 员工品牌领导；BPO = 员工品牌心理所有权；EBC =

员工品牌承诺；BCB = 员工品牌公民行为；CBT = 顾客品牌信任；CBC = 顾客品牌承诺。

如图 5 - 1 所示，本书中的大多数假设都通过了统计检验，即品牌激励、品牌内部沟通、品牌领导均对员工品牌心理所有权有显著的正向影响（H2a、H3a、H4a）；品牌领导对员工品牌承诺有显著的正向影响（H4b）；员工品牌心理所有权对员工品牌承诺有显著的正向影响（H5）；员工品牌心理所有权对员工品牌公民行为有显著的正向影响（H6）；员工品牌承诺对员工品牌公民行为有显著的正向影响（H7）；员工品牌公民行为对顾客品牌信任和顾客品牌承诺有显著正向影响（H8、H9）；顾客品牌信任对顾客品牌承诺有显著正向影响（H10）。

在检验结果中，有 4 条路径被拒绝，没有得到实证支持，分别为品牌培训—员工品牌心理所有权（H1a）、品牌培训—员工品牌承诺（H2a）、品牌激励—员工品牌承诺（H2b）和品牌内部沟通—员工品牌承诺（H3b）。

5.1.4 修正的结构方程模型及检验

通过对初始结构方程模型的分析，发现有一些路径假设并不显著，所以，本书在此基础上对模型进行了修正，即删除了员工品牌培训→员工品牌心理所有权、员工品牌培训→员工品牌承诺、员工品牌激励→员工品牌承诺、品牌内部沟通→员工品牌承诺之间的路径。

通过对修正后的模型进行重新分析。表 5 - 9 列出了修正后的模型拟合指标的数值。（$\chi^2/df = 1.925$，RMSEA = 0.059，RMR = 0.0773，NFI = 0.940，相对拟合指数 CFI = 0.960，IFI = 0.969，GFI = 0.890，总体而言，修正后的拟合指数参数值有一定的改进，说明竞争模型较原型得到了显著的改善。修正后模型路径关系如图 5 - 2 所示。

表 5 - 9　　　　　　　　　修正结构方程模型的拟合指标值

拟合指标	χ^2/df	GFI	CFI	NFI	RMSEA
修正模型	1.925	0.890	0.960	0.940	0.059

在图 5 - 2 中，EBM = 员工品牌激励；BIC = 品牌内部沟通；EBL = 员工品牌领导；BPO = 员工品牌心理所有权；EBC = 员工品牌承诺；BCB = 员工品牌公民行为；CBT = 顾客品牌信任；CBC = 顾客品牌承诺。

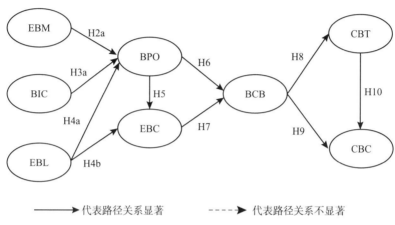

图 5 - 2   修正后的模型路径关系

5.2   人口统计特征方差分析

本书分别从员工的性别、年龄、学历、工作年限和职务 5 个方面，以及顾客的性别、年龄、学历和收入 4 各方面检验人口统计特征变量对各潜变量的影响。本书使用单因素方差分析（ANOVA）方法分析人口统计特征对各潜变量的影响。

5.2.1   员工的人口统计特征方差分析

如表 5 - 10 所示，根据数据分析结果来看，男性员工和女性员工对员工品牌行为的各潜变量影响显著，而女性员工在对各潜变量的影响方面明显高于男性。

表5-10 员工性别的 ANOVA 结果

潜变量	男性员工 (M ± S.D)	女性员工 (M ± S.D)	F 值
EBT	5.25 ± 0.88	5.64 ± 0.68	29.255 **
EBM	5.05 ± 0.79	5.36 ± 0.60	22.029 **
BIC	5.78 ± 0.64	6.00 ± 0.52	16.485 **
EBL	5.73 ± 0.76	6.02 ± 0.54	22.290 **
BPO	5.35 ± 0.60	5.55 ± 0.56	12.636 **
EBC	5.63 ± 0.70	5.85 ± 0.49	16.815 **
BCB	5.55 ± 0.68	5.75 ± 0.58	16.354 **

注：M ± S.D = 均值 ± 标准差，** p < 0.01，* p < 0.05。EBT = 员工品牌培训；EBM = 员工品牌激励；BIC = 品牌内部沟通；EBL = 员工品牌领导；BPO = 员工品牌心理所有权；EBC = 员工品牌承诺；BCB = 员工品牌公民行为。

本书将所有样本按员工年龄分为四组，分别为年龄组1（25岁及以下）、年龄组2（26~35岁）、年龄组3（36~45岁）和年龄组4（46岁及以上）。如表5-11所示，根据数据分析结果表明，各年龄组除对 BIC（员工品牌内部沟通）和 BPO（员工品牌心理所有权）影响不显著外，对其余潜变量均有显著影响。而其中，年龄组3（36~45岁）对潜变量的影响明显高于其三个年龄组。

表5-11 员工年龄的 ANOVA 结果

潜变量	年龄组1 (M ± S.D)	年龄组2 (M ± S.D)	年龄组3 (M ± S.D)	年龄组4 (M ± S.D)	F 值
EBT	5.55 ± 0.71	5.48 ± 0.79	6.86 ± 0.61	5.51 ± 0.68	4.560 **
EBM	5.21 ± 0.62	5.25 ± 0.70	5.50 ± 0.59	5.23 ± 0.79	4.029 **
BIC	5.82 ± 0.54	5.91 ± 0.58	6.20 ± 0.43	5.78 ± 0.63	2.680
EBL	5.93 ± 0.62	5.91 ± 0.67	6.15 ± 0.53	5.95 ± 0.82	5.290 **
BPO	5.37 ± 0.51	5.46 ± 0.60	5.86 ± 0.44	5.30 ± 0.81	2.392

续表

潜变量	年龄组 1 (M ± S. D)	年龄组 2 (M ± S. D)	年龄组 3 (M ± S. D)	年龄组 4 (M ± S. D)	F 值
EBC	5. 83 ± 0. 56	5. 74 ± 0. 58	6. 01 ± 0. 31	5. 78 ± 0. 61	9. 364 **
BCB	5. 53 ± 0. 68	5. 75 ± 0. 58	6. 26 ± 0. 61	5. 46 ± 0. 69	5. 120 **

注：M ± S. D = 均值 ± 标准差，** $p < 0.01$，* $p < 0.05$。EBT = 员工品牌培训；EBM = 员工品牌激励；BIC = 品牌内部沟通；EBL = 员工品牌领导；BPO = 员工品牌心理所有权；EBC = 员工品牌承诺；BCB = 员工品牌公民行为。

本书将所有样本按员工受教育程度分为四组，分别为学历组 1 （高中、中专及以下）、学历组 2 （大专）、学历组 3 （本科）和学历组 4 （研究生及以上）。如表 5 - 12 所示，根据数据分析结果表明，各学历组除对 BIC （员工品牌内部沟通）和 EBC （员工品牌承诺）有显著影响外，对其余潜变量均没有显著影响。而其中，学历组 4 （研究生及以上）对潜变量的影响均高于其他三个学历组。

表 5 - 12　　　　　　　员工受教育程度的 ANOVA 结果

潜变量	学历组 1 (M ± S. D)	学历组 2 (M ± S. D)	学历组 3 (M ± S. D)	学历组 4 (M ± S. D)	F 值
EBT	5. 45 ± 0. 75	5. 38 ± 0. 56	5. 41 ± 0. 85	5. 59 ± 0. 74	2. 567
EBM	5. 25 ± 0. 66	5. 15 ± 0. 68	5. 05 ± 0. 80	5. 33 ± 0. 63	1. 929
BIC	5. 89 ± 0. 57	5. 83 ± 0. 60	5. 85 ± 0. 63	5. 97 ± 0. 54	5. 369 **
EBL	5. 89 ± 0. 73	5. 81 ± 0. 63	5. 84 ± 0. 65	5. 98 ± 0. 61	2. 427
BPO	5. 44 ± 0. 66	5. 17 ± 0. 64	5. 35 ± 0. 59	5. 49 ± 0. 57	2. 792
EBC	5. 72 ± 0. 67	5. 74 ± 0. 68	5. 75 ± 0. 69	5. 82 ± 0. 49	4. 336 **
BCB	5. 52 ± 0. 65	5. 76 ± 0. 59	5. 76 ± 0. 61	5. 96 ± 0. 79	1. 912

注：M ± S. D = 均值 ± 标准差，** $p < 0.01$，* $p < 0.05$。EBT = 员工品牌培训；EBM = 员工品牌激励；BIC = 品牌内部沟通；EBL = 员工品牌领导；BPO = 员工品牌心理所有权；EBC = 员工品牌承诺；BCB = 员工品牌公民行为。

本书将所有样本按员工来公司工作年限分为五组，分别为年限组 1 （不满 1 年）、年限组 2 （1 ~ 3 年）、年限组 3 （3 ~ 5 年）、年限组 4 （5 ~

10 年）和年限组 5（10 年以上）。如表 5－13 所示，根据数据分析结果表明，入职年限均对各潜变量有显著影响，且随着入职年限的增长对潜变量的影响也更明显。

表 5－13 员工入职年限的 ANOVA 结果

潜变量	年限组 1 （M±S.D）	年限组 2 （M±S.D）	年限组 3 （M±S.D）	年限组 4 （M±S.D）	年限组 5 （M±S.D）	F 值
EBT	5.40±0.71	5.52±0.79	5.76±0.77	5.90±0.50	6.12±0.60	7.871**
EBM	5.24±0.64	5.19±0.69	5.40±0.67	5.62±0.53	5.80±0.73	4.985**
BIC	5.91±0.47	5.83±0.54	6.27±0.72	6.13±0.33	6.29±0.63	10.566**
EBL	5.93±0.57	5.87±0.66	6.02±0.74	6.26±0.46	6.31±0.68	3.870**
BPO	5.26±0.45	5.37±0.56	5.90±0.72	5.71±0.43	5.97±0.53	14.517**
EBC	5.81±0.47	5.78±0.59	5.79±0.67	6.10±0.32	6.21±0.49	4.303**
BCB	5.63±0.58	5.75±0.68	5.86±0.62	5.94±0.49	6.06±0.51	8.220**

注：M±S.D＝均值±标准差，**$p < 0.01$，*$p < 0.05$。EBT＝员工品牌培训；EBM＝员工品牌激励；BIC＝品牌内部沟通；EBL＝员工品牌领导；BPO＝员工品牌心理所有权；EBC＝员工品牌承诺；BCB＝员工品牌公民行为。

5.2.2 顾客的人口统计特征方差分析

如表 5－14 所示，根据数据分析结果来看，男性顾客和女性顾客对基于顾客的品牌关系的各潜变量均没有显著影响。

表 5－14 顾客性别的 ANOVA 结果

潜变量	男性顾客 （M±S.D）	女性顾客 （M±S.D）	F 值
CBT	5.94±0.78	5.91±0.80	0.344
CBC	5.15±0.65	5.16±0.63	0.210

注：M±S.D＝均值±标准差，**$p < 0.01$，*$p < 0.05$。CBT＝顾客品牌信任；CBC＝顾客品牌承诺。

本书将所有样本按顾客年龄分为四组，分别为年龄组 1（25 岁及以下）、年龄组 2（26～35 岁）、年龄组 3（36～45 岁）和年龄组 4（46 岁及以上）。如表 5－15 所示，根据数据分析结果表明，各年龄组对 CBT（顾客品牌信任）和 CBC（顾客品牌承诺）均有显著影响。而其中，年龄组 3（36～45 岁）对潜变量的影响明显高于其三个年龄组。

表 5－15　　　　　　　　　　顾客年龄的 ANOVA 结果

潜变量	年龄组 1 （M ± S. D）	年龄组 2 （M ± S. D）	年龄组 3 （M ± S. D）	年龄组 4 （M ± S. D）	F 值
CBT	5. 66 ± 0. 88	5. 71 ± 0. 83	6. 15 ± 0. 67	5. 88 ± 0. 79	22. 012 **
CBC	5. 30 ± 0. 71	4. 95 ± 0. 63	5. 31 ± 0. 61	5. 13 ± 0. 62	15. 283 **

注：M ± S. D = 均值 ± 标准差，** $p < 0.01$，* $p < 0.05$。CBT = 顾客品牌信任；CBC = 顾客品牌承诺。

本书将所有样本按顾客受教育程度分为四组，分别为学历组 1（高中、中专及以下）、学历组 2（大专）、学历组 3（本科）和学历组 4（研究生及以上）。如表 5－16 所示，根据数据分析结果表明，各学历组对 CBT（顾客品牌信任）和 CBC（顾客品牌承诺）均没有显著影响。

表 5－16　　　　　　　　　　顾客受教育程度的 ANOVA 结果

潜变量	学历组 1 （M ± S. D）	学历组 2 （M ± S. D）	学历组 3 （M ± S. D）	学历组 4 （M ± S. D）	F 值
CBT	5. 81 ± 0. 91	5. 94 ± 0. 81	6. 05 ± 0. 76	5. 90 ± 0. 81	1. 567
CBC	5. 04 ± 0. 79	5. 17 ± 0. 65	5. 18 ± 0. 62	5. 10 ± 0. 62	2. 029

注：M ± S. D = 均值 ± 标准差，** $p < 0.01$，* $p < 0.05$。CBT = 顾客品牌信任；CBC = 顾客品牌承诺。

本书将所有样本按顾客月收入水平分为五组，分别为收入组 1（3500元以下）、收入组 2（3500～8000 元）、收入组 3（8000～12000 元）、收入组 4（12000～20000 元）和收入组 5（20000 元以上）。如表 5－17 所示，根据数据分析结果表明，收入水平均对各潜变量有显著影响。而其中，收入组 4（12000 ~ 20000 元）对潜变量的影响要低于其他各组（EBC = 员工品牌承诺；BCB = 员工品牌公民行为。）。

表 5 – 17　　　　　　　　　顾客收入水平的 ANOVA 结果

潜变量	收入组 1 （M ± S. D）	收入组 2 （M ± S. D）	收入组 3 （M ± S. D）	收入组 4 （M ± S. D）	收入组 5 （M ± S. D）	F 值
EBT	6. 14 ± 0. 21	6. 52 ± 0. 59	5. 66 ± 0. 78	5. 30 ± 0. 65	5. 42 ± 0. 70	74. 871 **
EBM	5. 34 ± 0. 46	5. 39 ± 0. 59	5. 04 ± 0. 57	4. 62 ± 0. 58	4. 60 ± 0. 73	64. 985 **

注：M ± S. D = 均值 ± 标准差，** p < 0.01，* p < 0.05。EBC = 员工品牌承诺；BCB = 员工品牌公民行为。

第 6 章

研究结论及相关探讨

在本书前述内容的研究基础之上，本章讨论了本书的研究结论、启示和研究局限、未来研究展望等。首先，本章对本书的实证研究进行了讨论；其次，本章探讨了本书的研究工作对理论发展和实务操作的启示；最后，本章提出了本书的研究局限和未来可能的研究方向、思路。

6.1 研究结果及讨论

近10年来，国际上品牌内化研究越来越受到重视。特别对于服务行业来说，品牌内化对内部员工品牌相关行为有着至关重要的影响作用。由于服务行业员工经常与顾客直接接触的特性，他们也被看作是服务整体的一部分，是在与顾客接触过程中将服务品牌承诺转移给顾客的特殊媒介，所以，研究如何影响和管理员工的品牌相关态度和行为就变得非常重要。近年来，学者们更多地开始把研究的视觉转移到如何平衡看待服务品牌管理上来，也就是如何把基于顾客的品牌关系与企业和员工联系起来，而不只是从企业角度或者消费者角度对品牌管理进行研究。

本书通过对以往品牌管理和营销文献的总结和梳理，构建了一个理论模型，以进一步研究基于员工相关品牌态度和行为的品牌内化机理的影响，也尝试着研究品牌内化中品牌心理所有权对员工品牌承诺和员工品牌公民行为的影响。同时，本书还研究了员工品牌公民行为对基于消费者的品牌关系中消费者品牌信任和品牌承诺的影响。笔者认为，从企业员工和消费者两个层面论证和检验服务品牌内化机制及其对消费者品牌关系的影响过程机制很具有理论必要性和现实指导意义。服务品牌内化不应该是企业内部闭门造车，员工品牌内化应该只是服务品牌内化的一部分，服务品牌内化还应该包括基于消费者的品牌关系，这是服务品牌内化的两个阶段。第一个阶段是企业进行品牌内化战略，员工形成品牌公民行为，第二个阶段则是员工传递品牌价值的过程。

通过本书的研究，对以下内容进行了讨论：

6.1.1 员工品牌内化机制对员工心理所有权的影响

以往文献中品牌内化机制对品牌心理所有权影响研究较少，学者们主要将品牌内部营销与员工满意度联系起来研究。艾哈迈德（2003）通过实证研究，证明了内部营销与员工满意度正相关。凯勒（2006）通过实证研究，检验了企业内部营销执行的程度会直接影响一线员工的满意度。同时，布尔曼等人（2009）认为，内部品牌建设要将员工行为与品牌价值统一起来，使组织内所有的成员具有统一的品牌认识。我国学者王湘果（2010）通过对国内旅游企业进行实证研究，证实了内部营销的各项活动能够显著影响到旅游企业员工对于工作以及组织的满意度。

本书中员工品牌内化机制包括品牌培训、品牌激励、内部沟通和品牌领导，研究结果显示，除品牌培训外，品牌激励、内部沟通和品牌领导均对员工心理所有权有积极的正向影响，即研究假设 H1a 未得到支持，研究假设 H2a、H3a 和 H4a 得到支持。品牌培训对员工品牌心理所有权的影响（H1a）未得到支持，可能是因为保险行业的代理人制度使得一线员工基本都是代理人，而培训主要侧重于技能培训而不是品牌和公司文化等的培训，使得代理人对保险公司品牌认知不足。

品牌激励对心理所有权（H2a）产生正向影响，说明不管是物质激励还是精神激励都对员工产生了积极的正向影响作用，激励程度越高，越能产生较高的心理所有权感；内部沟通对心理所有权产生正向影响，研究假设 H3a 得到支持，这反映了内部沟通越充分，员工越能对公司品牌了解，也就能产生更强烈的心理所有权感；品牌领导对心理所有权产生正向影响，研究假设 H4a 得到支持，这说明，领导对公司品牌的信念获得信任，员工对领导成员关系感到满意，就有助于提升员工的品牌心理所有权。

6.1.2　员工品牌内化机制对员工品牌承诺的影响

数据分析结果显示，品牌内化机制中，除了品牌领导对员工品牌承诺有显著影响外，品牌培训、品牌激励和内部沟通对员工品牌承诺均影响不显著，即 H1b、H2b 和 H3b 均未得到支持，H4b 得到支持。品牌领导对品牌承诺有积极正向影响，研究假设 H4b 得到支持，这与之前相关学者的研究结论相同，奥姆塔里（Almutairi，2013），布尔曼等人（2009）均指出，品牌领导对员工品牌承诺具有积极影响。

品牌培训、品牌激励和内部沟通对员工品牌承诺均影响不显著，这一研究结论与以往学者研究结果不同。可能原因就在于，领导在品牌培训、品牌激励和内部沟通中扮演者至关重要的角色。品牌培训和品牌激励属于人力资源部门相关职能，但人力资源职能的实施必须对领导负责，也就是领导对人力资源行为实施差异性的影响非常大；对于内部沟通而言，领导可能才是将内部沟通活动转化为品牌内化行为的关键人选，领导会通过内部沟通以及通过自身所做的对品牌的理解和行为来进行影响员工（Vallaster & de Chernatony，2006）。

6.1.3　员工品牌心理所有权对员工品牌承诺的影响

实证分析结果表明，员工品牌心理所有权对员工品牌承诺影响显著，呈正向影响关系，假设 H5 得到支持。同时说明，员工心理所有权在品牌内化机制对员工品牌承诺影响中起到中介作用。这说明，一般来讲，一线员工对公司品牌不具有显示的法律上的拥有权，但当他们心理上感觉到他们拥有公司品牌时就会做出相应的品牌承诺，而培养员工的心理所有权则可以从品牌激励、内部沟通和品牌领导方面来加强。

6.1.4　员工品牌心理所有权对员工品牌公民行为的影响

实证分析结果表明，员工品牌心理所有权对员工品牌公民行为影响显著，呈正向影响关系，假设 H6 得到支持。这反映了当员工感觉他们在心理上拥有公司品牌时，就会表现出一系列有助于公司品牌建设的角色外行为。在保险公司或服务行业内，员工的财产所有权普遍受到诸多限制，也就是员工基本不可能拥有事实上的品牌所有权，但管理者可充分利用员工品牌心理所有权的作用，借助员工品牌心理所有权建立员工品牌公民行为。

6.1.5　员工品牌承诺对员工品牌公民行为的影响

数据分析结果显示，员工品牌承诺对员工品牌公民行为影响显著，呈正向影响关系，假设 H7 得到支持。同时，品牌承诺在品牌心理所有权对品牌公民行为的影响中起到了中介作用，也就是说品牌心理所有权一方面直接对品牌公民行为产生影响；另一方面还会通过品牌承诺从而间接地对品牌公民行为产生影响。其中，品牌承诺的中介作用表明员工的心理状态（品牌承诺）和行为结果（品牌公民行为）都是品牌心理所有权的结果变量。同时，该结论也验证了以往学者的研究结论，员工品牌承诺积极影响员工品牌公民行为（Burmann et al.，2009；de Chernatony et al.，2003；Kimpakorn & Tocquer，2010）。

6.1.6　员工品牌公民行为对顾客品牌信任和品牌承诺的影响

实证分析结果表明，员工品牌公民行为对顾客品牌信任和品牌承诺影响显著，积极影响顾客品牌信任和品牌承诺，研究假设 H8 和 H9 得到支持。这说明了，当员工表现出积极的员工品牌公民行为时，顾客的品牌信任和品牌承诺就会增加。当员工能很好地传递品牌承诺时，顾客就会更加信任该品牌，也会进一步增强他的品牌承诺（Kimpakorn & Tocquer，2010；Papasolomou & Vrontis，2006）。

顾客品牌信任对顾客品牌承诺影响显著，呈正向影响关系，研究假设 H10 得到支持。这说明，当顾客的品牌信任增加时他们的品牌承诺也相应增强。同时，顾客品牌信任在对顾客品牌承诺有直接的显著影响之外，对员工品牌公民行为对顾客的品牌承诺影响起到中介作用。这一结论验证了之前研究文献中顾客品牌信任积极影响顾客品牌承诺的结论（Keller，2003；Morgan & Hunt，1994）。

6.1.7 员工的人口统计特征分析

本书通过对员工的性别、年龄、受教育程度和入职年限等人口统计特征分析找出在保险公司内部品牌内化方面员工所表现出的显著差异。

在性别方面，根据分析结果，女性员工在品牌内化态度和行为方面均明显高于男性员工。可能的原因就是，这是与女人的本性有关。女性更容易接受和适应（Feingold，1994；Darley & Smith，1995），她们相比男性有更多的帮助别人的行为和更礼貌的举动，同时，更重要的是，她们比男性更忠诚（Dolinsky & Caputo，1990）。所以，从这些方面能更好地解释她们在公司品牌内化方面表现出的更积极的态度和行为。

在年龄方面，根据分析结果，年龄在36~45岁之间的员工在公司品牌内化态度和行为方面明显高于其他年龄组。可能的原因是，该年龄段的员工职业生涯较稳定，变动工作的机会较少，并且对现在的工作一般比较满意（Mathieu & Zajac，1990）。

在受教育程度方面，根据分析结果，学历因素对员工在公司品牌内化态度和行为方面表现影响不显著。

在入职年限方面，根据分析结果，进入公司工作年限越长的员工在公司品牌内化态度和行为方面表现越积极。这一结果证实了此前学者的研究结果，即在一个公司中的就业年限是用来解释员工工作相关态度的重要因素（Ucho，Mkavka & Onyishi，2012），也就是说，当员工在公司工作的时间越长，那么他们就会产生更积极的工作态度。

6.1.8 顾客的人口统计特征分析

本书通过对顾客的性别、年龄、受教育程度和收入等人口统计特征分析，找出保险公司外部顾客在品牌信任和品牌承诺方面所表现出的显著差异。

根据分析结果，除了顾客性别和受教育程度方面，在顾客年龄和顾客收入方面对顾客信任和顾客承诺均表现除了明显差异。

在年龄方面，根据分析结果，年龄在 36~45 岁之间的顾客在品牌信任和品牌承诺方面表现出了更积极的态度。可能的原因是，处于这一年龄段的顾客价值观基本成熟和定型，同时也有接受新事物的能力和态度，所以他们对其所选择的保险公司品牌有更高的品牌信任和品牌承诺。

在收入方面，根据分析结果，月收入在 12000~20000 元之间的顾客对品牌信任和品牌承诺表现的比其他收入人群满意程度都要低。可能的原因是，这与所谓的"中产阶级焦虑"有关，他们更倾向于比较，寻找替代品，对环境或事物缺乏安全感。

6.2 理论贡献

与以往相关领域的理论文献相比，本书的理论贡献主要体现在以下几个方面。

第一，通过对品牌内化机制、员工品牌公民行为等相关研究文献的梳理，归纳和总结，形成了该领域系统的理论脉络。

由于现在国内外学术界对品牌内化相关理论研究较少，使得品牌内化研究理论并不丰富，学术界也没有形成一致的认识。本书对服务品牌的基本概念、研究要点等进行了全面的梳理和归纳，并且通过对比"内化"在社会学、心理学和经济学中的不同内涵，对这一关键词进行了深入的分析。本书还在理论模型中引入了员工心理所有权的概念，从心理学角度丰富品牌管理研究内容。在此基础上，本书根据服务品牌内化理论的相关研究线索，界定出学术研究聚焦在员工品牌支持行为和基于消费者的品牌关系两个层面。依据这两个层面，本书分别进行了梳理、总结和评析相关基本认识、分析员工品牌支持行为的形成机制等，从而使我们对员工品牌公民行为和基于顾客的品牌关系研究的整体概貌有了全面、详尽的掌握。

第二，本书拓宽了品牌内化的研究视野，从员工品牌公民行为形成机制到其对基于顾客的品牌关系的影响整体上来进行服务行业品牌内化研究。

通过梳理以往研究文献，发现现有研究主要聚焦在企业内部的品牌内化机制上，少部分学者研究了员工品牌公民行为对基于顾客的品牌表现的影响，却鲜有二者的结合。本书的重要贡献之一就在于首次通过同时分析员工和顾客的品牌相关行为和态度进而来研究品牌内化机制对于员工的品牌相关行为和态度及顾客的影响，从而形成本书的相对于传统研究的扩展了的理论模型。本书通过引入基于顾客的品牌表现，来研究员工品牌公民行为对于顾客的影响，扩展了以往研究中，基本都是针对基于员工的品牌表现来研究员工品牌公民行为对于品牌表现的影响。这样做，更能以平衡的视觉来研究品牌内化，也更能反映企业品牌内化的程度和效果。

第三，本书引入员工品牌心理所有权研究品牌内化机制对员工品牌承诺和员工品牌公民行为影响，并开发了员工品牌公民行为和基于消费者品牌关系的测量工具。

布尔曼和赞贝林（2005）的员工品牌公民模型中对品牌内化机制的影响进行了研究，本书通过将员工品牌心理所有权整合到员工品牌公民行为模型中，丰富了品牌内化机制对于员工品牌相关态度和行为的影响研究理论。同时，本书结合已有文献、访谈和专家意见等开发出了员工品牌公民行为和基于消费者品牌关系的测量量表。本书通过对来自保险行业保险公司的样本数据进行量表的信度和效度的严格检验，论证了量表开发的合理性和一定的普适性。量表的形成过程中，本书作者与多家保险公司的一线员工和客户进行了深入访谈，这不仅使得本书提出的理论模型具有了可操作性，同时也对今后保险行业品牌内化及品牌公民行为的相关实证研究提供了基础，具有较高的参考价值。

第四，基于不同的理论基础，构建了员工品牌公民行为的过程机制及其对基于顾客的品牌关系的影响，形成完整的关系链条。

目前，对于员工品牌公民行为机制的研究还比较少，且大多将品牌内化机制和品牌公民行为及其对基于消费者的品牌关系割裂开来进行研究，缺乏系统性和前因性。同时，对于行业而言，也基本以泛泛的服务行业而言，研究结果缺乏针对性。本书在努力尝试克服以上情况的前提下，以保

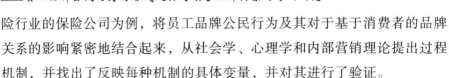

险行业的保险公司为例，将员工品牌公民行为及其对于基于消费者的品牌关系的影响紧密地结合起来，从社会学、心理学和内部营销理论提出过程机制，并找出了反映每种机制的具体变量，并对其进行了验证。

6.3　实践意义和管理启示

本书是以保险公司为例进行的学术研究，但对保险公司甚至整个服务行业的企业管理也将起到一定的借鉴意义。本书研究表明，保险公司必须以员工和顾客为导向进行品牌管理，同时本书还提出了保险公司如何与员工和顾客构建品牌关系。

第一，品牌管理应作为保险公司甚至整个服务行业的企业战略，而品牌内化则是将企业品牌承诺转化为品牌价值的企业行为的战略选择。

现在大多数保险公司已经将品牌管理提升到企业战略的高度，公司的品牌内化也成为了保险公司的有效战略选择。对于保险公司或其他服务行业而言，品牌内化从本质上是为了给客户创造品牌价值，而只有当品牌承诺转化为品牌价值时，保险公司才能获得顾客较高的品牌信任和品牌承诺，才能维系良好的消费者品牌关系，这些顾客就是保险公司的战略追求。那么，保险公司就要识别那些因素能增强员工的品牌支持行为，也就是品牌内化机制。从本书研究可以看出，保险公司品牌内化需要整个保险公司上下动员，全员参与。品牌内化不仅是企划（品宣）部门、人力资源部门或者个险部门等的主要工作，而应该是公司内部所有部门、所有员工共同实践。保险公司品牌内化实施过程中，如果缺乏员工参与或部门协调，而只进行相关部门和人员的单打独斗，品牌内化将难以达到效果，甚至失败，所以，只有将品牌内化提升到企业战略决策的高度才能保证最终目的的实现。保险公司的品牌内化是基于顾客导向的，因为只有当品牌对顾客有价值时才会对企业有价值（Keller，1993）。也就是说，一方面，品牌内化是由顾客驱动的（de Chernatony，2006），在顾客驱动的前提下，品牌内化使基于顾客的企业品牌定位转入企业内部（Keller，1999）；另一方面，品牌内化是为了促进顾客偏好，形成顾客忠诚，加强顾客品牌关系（Gapp & Merrilees，2006）。

本书研究结果显示，品牌激励、品牌内部沟通和领导特征都显著正向影响员工的品牌相关态度和行为。所以保险公司企业在品牌内化实践中，应该对做出有利于本公司品牌价值行为的员工给予精神的和物质的奖励，奖励的目的也是为了强化品牌在员工心中的地位，进而形成员工的品牌心理所有权。奖励的形式可以多种多样，尤其在职务晋升、绩效考核、重要岗位调整中应予以体现；保险公司还应利用内部沟通强化员工品牌认识，公司可以通过员工品牌手册、内刊、内网或者部门间的品牌沟通等方式不断强化品牌知识，使员工之间能有效地进行品牌信息的沟通；领导特征对保险公司品牌建设起到至关重要的作用，领导为了能帮助员工认识和识别公司品牌，就需要领导以身作则，在工作中践行品牌信念和品牌价值，才能使员工信任领导，从而形成品牌公民行为。

第二，在实施路径上，保险公司或其他服务行业可以通过增强员工对公司品牌的心理所有权和品牌承诺来提升员工品牌公民行为，使其自觉投入品牌建设。

本书的研究结果表明员工的品牌心理所有权显著正向影响了员工的品牌承诺和员工品牌公民行为。同时，本书研究过程中也发现，品牌内化元素中的品牌激励、品牌内部沟通和领导特征都通过员工心理所有权影响员工的品牌承诺。因此，保险公司需要增强员工的品牌心理所有权，以便更好地提升员工的品牌识别，增加公司品牌价值。保险公司培育和提升员工品牌心理所有权则必须加强公司内部品牌信息共享和沟通，只有当员工更加充分地了解自己所在公司的品牌情况，才更有可能使他们将公司品牌感知为自己的，以往也有研究证实公司内部信息沟通有助于组织运作（Rousseau D M et al.，2003）。公司领导还应该认识到，参与决策是员工重要的投入方式，而控制也是心理所有权发生的重要途径，所以，保险公司应该积极地让员工更多地投入到品牌活动中去，为品牌的成功建设贡献自己的知识和能力。

本书研究结果也表明，员工的品牌承诺正向影响员工的品牌公民行为。所以，在保险公司内部，员工对品牌的情感承诺也至关重要，它能够积极影响并促成员工的品牌公民行为。贝里等人（2004）提出，员工对服务品牌的概念和价值内化得越深刻，他们就能够更有效地执行品牌相关行为。所以，保险公司应该通过转换领导方式（Morhart et al.，2009）来增强员工对组织的认同感，提高员工的品牌承诺。

所以，保险公司只有真正使员工对公司品牌拥有心理所有权并建立情感承诺后，员工们才能形成品牌公民行为，才能消化品牌，识别品牌，信任品牌、与品牌共荣，也只有这样才能够进一步提升角色外行为。

第三，从实施路径上，由于顾客通过员工品牌相关行为对公司品牌价值进行评估，保险公司或其他服务行业必须首先进行品牌内化，以进行品牌内部建设。

研究表明，保险公司应该首先对品牌进行内部营销，即把品牌卖给员工。如果员工对品牌进行了很好的内化，就能够做到将公司品牌价值在顾客情感中转化成现实，那么，保险公司也就能与客户建立起长期和稳固的品牌关系。

本书通过对员工和顾客进行人口统计特征分析发现，在公司内部、女性员工、年龄在36～45岁之间的员工和入职时间较长的员工更能对公司品牌内化表现出积极态度和行为，在公司外部，年龄在36～45岁之间的顾客和月收入在12000元以下及20000元以上的顾客更能增加顾客品牌信任和品牌承诺。

第四，在测量工具上，本书主要针对保险公司开发了员工品牌支持行为及其对顾客品牌关系影响的测量量表，为保险公司提供了一套公司员工品牌相关行为及其对基于顾客的品牌关系的评价指标。

目前，保险公司大多意识到了品牌管理的重要性，也都在内部开展了品牌内化管理，但就品牌内化实施的效果如何测量，员工品牌支持行为如何评估，员工品牌公民行为对顾客的品牌关系影响多大，基本所有的保险公司都没有成熟的办法。在访谈中，大多数保险公司管理者都承认，目前我国保险公司品牌内化管理还处于简单内化的初级阶段，至于内化效果如何，内化对员工品牌相关行为会产生什么影响，以及对保险公司顾客的品牌关系带来多大的帮助，保险公司管理层也没有明确的认知。尽管保险公司组织内部都意识到了品牌内化管理的重要性，但现在仍是处于"摸着石头过河"的探索阶段。由于缺乏对品牌内化及员工品牌支持行为的系统认知，所以很容易造成保险公司在目前的实施阶段出现很多问题，例如，目前保险公司的品牌内化基本只注意品牌培训和品牌激励上，忽视了内部沟通及领导特征的重要性，以及对品牌内化后，员工品牌支持行为缺乏必要的认知，没有系统规范的体系，也就很容易导致品牌管理的失效。本书主要研究了品牌内化管理后对员工品牌公民行为的影响及其对基于消费者的品牌关系的影响，通过梳理文献，访谈等，开发出了相关的测量量表。本书认为在保险公司品牌内化过程中品牌激励、品牌内部沟通和领导特征都正向影响员工品牌支持行为，而员工品牌心理所有权和品牌承诺则支持了员工品牌公民行为，员工品牌公民行为又对基于顾客的品牌关系产生了积极的影响。本书对量表进行了严谨设计，并进行了严格的实证检验，可以作为保险公司评估员工品牌支持行为和其对基于顾客的品牌关系的影响的工具。同时，本书开发的量表可以扩展到其他服务行业进行应用。

6.4　研究局限和未来研究方向

6.4.1　本书的局限

本书虽然对保险企业品牌内化，员工品牌公民行为形成机制及其对基于顾客的品牌关系影响进行了探索性的研究工作，也取得了一些学术方面的创新，但总体来讲，仍存在以下几点不足。

第一，在测量量表设计方面。虽然本书翻阅了大量文献，借鉴了很多成熟的测量量表，但考虑到时间、空间的不同，行业间的区别，情景的差异等，所以对本量表的设计也是巨大的挑战。同时，量表中的问项，还根据本书作者与保险公司员工的访谈进行了修改，虽然量表已经经过了信度和效度检验，但仍存在不确定性，需进一步进行检验。

第二，在研究模型构建方面。从本书的实证研究分析看，本书所提出的理论模型得到了很好的验证，说明模型构建还比较合理。但由于作者的时间和精力有限，模型在变量的选择上还比较简单，尤其本模型并未添加调节变量，但从模型完整性和合理性来讲，增加"组织文化契合"等的调节变量，可能会使整个研究链条更完整，也更有实际意义。

第三，在研究样本方面。首先，本书只选择了保险行业中的寿险公司进行调研，没有涉及财险公司和其他服务行业，其次，本书选择在北京和济南2个城市的保险公司作为调研的抽样框，其他地区的保险公司并未涉及。就保险行业来说，财险公司是否和寿险公司一样，品牌内化对员工品牌支持行为产生影响进而影响到基于顾客的品牌关系，地域因素是否也会对其影响程度产生冲击，这些本书都未进行研究，还需要进一步探讨。

第四，在研究时点方面。品牌内化及其对员工品牌支持行为的影响是一个动态过程，内化程度和影响程度都会随着时间的推移而变得不同，本书对数据采集只是某一个时点上的数据，可能对保险公司品牌内化及其对品牌公民行为的影响研究有些偏颇。以静态数据去研究动态过程可能会限制我们对于保险公司员工品牌公民支持行为形成机制及其对基于顾客的品牌关系影响的动态过程。

6.4.2 未来研究展望

员工品牌公民行为和其对基于消费者的品牌关系影响研究，在理论和实践上将会成为重要而新颖的课题，所以，还有很多问题需要诸多探讨。

第一，本书主要以保险行业的寿险公司作为调研样本，模型虽然得到了验证，但本模型是否适合财险公司，以及对于其他高接触服务行业是否也具有普遍意义，还需要进一步研究。

第二，本书对员工品牌公民行为的维度并未展开，而根据布尔曼等人（2005，2009）研究，员工品牌公民行为包括帮助意愿（willingness to help）、品牌热情（brand enthusiasm）和发展倾向（propensity for further development）三个维度。未来研究可进一步探讨心理所有权和品牌承诺对员工品牌公民行为产生重要影响，同时员工品牌公民行为的哪个维度对基于消费者的品牌关系影响比较显著。

第三，本书研究品牌内化对员工品牌公民行为的影响只考虑了中介变量，未加入调节变量，而例如公司环境、员工与组织的契合度、可控资源等调节变量均可加入分析。同时，对于顾客而言，顾客在服务过程中的参与程度，受品牌声誉的影响等变量，也应该加入将来的研究当中。

参 考 文 献

［1］白长虹，范秀成，甘源．基于顾客感知价值的服务企业品牌管理
［J］．外国经济与管理，2002，2：7 – 13．

［2］陈浩，惠青山，奚菁．Avey 心理所有权问卷的修订及其与相关工
作态度的关系［J］．广东工业大学学报（社会科学版），2012，12（1）：
31 – 38．

［3］陈晔，白长虹，曹振杰．内部营销对员工品牌内化行为的影响关
系与路径研究——以服务型企业为例［J］．管理世界，2011，6：890 –
897．

［4］陈晔，白长虹．服务品牌内化：一个概念模型的提出［J］.2006JMS
中国营销科学年会论文集，2006．

［5］陈晔，白长虹，吴小灵．服务品牌内化的概念及概念模型：基于
跨案例研究的结论［J］．南开管理评论，2011，14（2）：44 – 51．

［6］储小平，盛琼芳．组织变革、心理所有权与员工主动离职研究——
兼论 Lee 和 Mitchell 的员工离职展开模型［J］．中山大学学报（社会科学
版），2010，50（3）：156 – 163．

［7］董广振．心理所有权作用机理与绩效的相关性：对本土企业的解
析［J］．改革，2010，12：50 – 56．

［8］［美］菲尔德著（FieldS，D. L.），工作评价：组织诊断与研究
实用量表［J］．阳志平等译．中国轻工业出版社，2004．

［9］［美］菲利普·科特勒著，营销管理——分析、计划、执行和控
制［M］．梅汝和等，译．上海：上海人民出版社，1999 年版．

［10］范秀成．顾客体验驱动的服务品牌建设［J］．南开管理评论，2001，6：16－20．

［11］韩国卿．关注品牌资产的竞争力［J］．中国保险，2007，5：61－62．

［12］何佳讯．品牌关系质量的本土化模型：高阶因子结构与测量［J］．营销科学学报，2006，2（3）：97－108．

［13］黄静．品牌管理［M］．武汉：武汉大学出版社，2005．

［14］江斌玉．激励行为与绩效之研究［J］．铭传学报，1987，24：81－106．

［15］蒋廉雄，卢泰宏．服务品牌形象对顾客价值—满意—忠诚关系的影响［J］．管理世界，2006，4：106－114．

［16］李辉，任声策．服务员工品牌内化及其影响因素的探索性研究［J］．上海管理科学，2010，08：87－92．

［17］李锐，凌文辁，柳士顺．组织心理所有权的前因与后果：基于"人—境互动"的视角［J］．心理学报，2012，44（9）：1202－1216．

［18］刘雁妮，刘新燕．基于顾客感知服务质量的服务品牌化分析［J］．中国农业银行武汉培训学院学报，2003，2：41－44．

［19］刘友芝．论负的外部性内在化的一般途径［J］．经济评论，2001，3：7－10．

［20］陆娟．论服务品牌忠诚的形成机理［J］．当代财经，2003，9：64－67．

［21］吕福新，顾姗姗．心理所有权与组织公民行为的相关性分析——基于本土企业的视角和浙江企业的实证［J］．管理世界，2007，5：94－103．

［22］邱玮．服务品牌内化的构成要素与过程机制［J］．南开大学博士学位论文，2010．

［23］邱玮，白长虹．基于员工视觉的服务品牌内化过程及其实证研究［J］．南开管理评论，2012，6：93－103．

［24］王军，江若尘．品牌社群认同对品牌忠诚的影响研究［J］．南

京财经大学学报，2010（2）：72－80.

［25］王小好，谢金文. 服务品牌的动态传播模式［J］. 现代商业，2008，26：151－152.

［26］吴秉恩. 组织行为学［M］. 台北：华泰出版文化公司，1986.

［27］谢弘. 论内部营销与服务品牌建设［J］. 闽江学院学报，2005，25（4）：40－45.

［28］谢礼珊，彭家敏，张春林. 旅游企业员工品牌公民行为对顾客品牌信任和品牌承诺的影响［J］. 旅游学刊，2010，11：58－65.

［29］谢泗薪，李荣. 服务品牌战略管理与忠诚度的提升［J］. 企业研究，2006，3：21－23.

［30］姚凯，崔晓明. 心理所有权的非均衡发展及其影响效应研究［J］. 经济理论与经济管理，2010，8：25－31.

［31］叶传华. 公司品牌评价分析［J］. 品牌，2005，3：64.

［32］易牧农. 论产品品牌与企业品牌交互发展战略［J］. 江苏商论，2000，1：18.

［33］詹志方，王辉. 基于消费者体验的服务品牌化方法［J］. 消费经济，2005，21（2）：37－40.

［34］张辉，白长虹，郝胜宇. 品牌资产管理新视角：基于员工的品牌资产研究述评［J］. 外国经济与管理，2011，33（9）：34－42.

［35］张辉，白长虹，牛振邦. 品牌心理所有权、品牌承诺与品牌公民行为关系研究［J］. 管理科学，2012，25（4）：79－90.

［36］张莹瑞，佐斌. 社会认同理论及其发展［J］. 心理科学进展，2006，3：475－480.

［37］张媛媛，王建玲. 服务品牌延伸影响要素的灰色优势分析［J］. 经济管理，2008，2：64－68.

［38］甄贞. 企业文化与保险公司品牌建设关系研究［J］. 保险职业学院学报，2012，26（3）：50－54.

［39］周浩，龙立荣. 变革型领导对下属进谏行为的影响：组织心理所有权与传统性的作用［J］. 心理学报，2012，44（3）：388－399.

［40］周晓虹. 冲突与认同：全球化背景下的代际关系 ［J］. 社会，2008，28（2）：20 - 38.

［41］周志民，卢泰宏. 擦亮中华老字号 ［J］. 销售与市场，2000，8：16 - 18.

［42］Aaker, D. A. , & Joachimsthaler E. . The Brand Relationship Spectrum：The Key to the Brand Architecture Challenge. *California Management Review*，2000，42（4）：8 - 23.

［43］Aaker, D. A. . *Building Strong Brand.* New York：The Free Press，1996.

［44］Aaker, D. . *Strategic marketing management.* New York, NY：John Wiley & Sons, 2003.

［45］Ahmed, P. , & Rafiq, M. . Internal marketing issues and challenges. *European Journal of Marketing*，2003，37（9）：1177 - 1186.

［46］Ahmed, P. , & Rafiq, M. . *Internal marketing：Tools and concepts for customer-focused management.* Butterworth - Heinemann：Oxford, 2002.

［47］Alloza, A. , Conley, S. , Prado, F. , Farfan, J. . Creating the BBVA Experience：Beyond Traditional Brand Management. *Corporate Reputation Review*，2004，7（1）：66 - 81.

［48］Almutairi, D. O. . The relationship between leadership styles and organizational commitment：A test on Saudi Arabian Airline. *World Review of Business Research*，2013，3（1）：41 - 51.

［49］Ambler, T. , & Styles, C. . Brand development versus new product development：Towards a process model of extension decisions. *Marketing Intelligence and Planning*，1996，14（7）：10 - 19.

［50］Anderson, J. C. , & Gething, D. W. . Structural Equation Modeling in Practice：A Review and Recommended Two-step Approach. *psychological Bulletin*，2000，103（3）：421 - 423.

［51］Andriopoulos, Manto Gotsi. . Benchmarking Brand Management in the Creative Industry. *Benchmarking：An International Journal*，2001，7（5）：

360 - 372.

[52] Angela Sinickas. *Measuring the Brand Internally.* SCM, 6 (4):
25 - 26.

[53] Applebaum, S. H. , & Fewster, B. M. . Global aviation human re-
source management: Contemporary recruitment and selection and diversity and
equal opportunity practices. *Equal Opportunities International*, 2002, 21 (7):
66 - 80.

[54] Arnett, D. B. , German, S. D. , & Hunt, S. D. . The identity sali-
ence model of relationship marketing success: The case of nonprofit market-
ing. *Journal of Marketing.* 2003, 67 (2): 89 - 106.

[55] Asakawa, K. . Family Socialization Practices and Their Effects on the
Internalization of Educational Values for Asian and White American Adoles-
cents. *Applied Developmental Science*, 2001, 5 (3): 184 - 194.

[56] Ashforth, B. E. , & Mael, F. . Social identity theory and the organi-
zation. *Academy of Management Review*, 1989, 14: 20 - 39.

[57] Assor, A. , Cohen - Malayev, M. , Kaplan, A. , Friedman,
D. . Choosing to Stay Religious in a Morden World: *Socialization and Exploration
Processes Leading to an Integrated Internalization of Religion among Israeli Jewish
Youth.* In M. L. Maehr & S. Karabenick (Eds.), Advances in Motivation and
Achievement, Motivation and Religion, 14, pp. 5 - 150, Greenwich, Conn:
Jai Press Inc, 2005.

[58] Aurand, T. , Gorchels, L. , & Bishop, T. . Human resource
management's role in internal branding: An opportunity for cross-functional
brand message synergy. *The Journal of Product and Brand Management*, 2005,
14 (2/3): 63 - 169.

[59] Avey J B, Avolio B J, Crossley C D, Luthans F. Psychological own-
ership: Theoretical extensions, measurement, and relation to work outcomes.
Journal of Organizational Behavior, 2009, 30 (2): 173 - 191.

[60] Baard, P. P, and Neville, S. M. . The Intrinsically Motivated Nurse:

Help and Hindrance form Evaluation Feedback Sessions. *Journal of Nursing Administration*, 1996, 26 (7): 19 –26.

[61] Balmer, J. M. T. , & Wilkinson, A. . Building societies: Change, strategy and corporate identity. *Journal of General Management*, 1991, 17 (2): 20 –33.

[62] Bellou, V. , Andronikidis, A. . The Impact of Internal Service Quality on Customer Service Behavior: Evi-dence from the Banking Sector. *International Journal of Quality & Reliability Management*, 2008, 25, 943 –954.

[63] Bergstrom, A. , Blumenthal, D. , & Crothers, S. . Why internal branding matters: The case of Saab. *Corporate Reputation Review*, 2002, 5 (2/3), 133 –142.

[64] Berry, L. L. , & Lampo, S. S. . Branding labor-intensive services. *Business Strategy Review*, 2004, 15 (1): 18 –25.

[65] Berry, L. L. , and Parasuraman A. . *Marketing of Services: Competing through Quality*. The Free Press, New York, NY, 1991.

[66] Berry, L. . Cultivating service brand equity. *Journal of the Academy of Marketing Science*, 2000, 28 (1): 128 –137.

[67] Berthon, P. , Ewing, M. , & Hah, L. . Captivating company: Dimensions of attractiveness in employer branding. *International Journal of Advertising*, 2005, 24 (2): 151 –172.

[68] Bettencourt, L. A. , Brown S. W. , & MacKenzie, S. B. . Customer-oriented boundary-spanning behaviors: Test of a social exchange model of antecedents. *Journal of Retailing*, 2005, 81: 141 –157.

[69] Bettencourt, L. . Customer voluntary performance: Customers as partners in service delivery. *Journal of Retailing*, 1997, 73 (3): 383 –406.

[70] Betts, M. . Brand Competence. *Strategic Communication Management*, 1999, 3 (4): 10 –16.

[71] Blessing White. A Job's about Passion, not just Pay-Internal Branding key to engaged Employees. *Strategic Direction*, 2008, 24 (1): 14 –16.

[72] Bobula and Jessica. *Internal Branding Becoming a Hot Topic for B to B. B to B*, 2005, 90 (11): 6 – 7.

[73] Bollen, K. A., & Long, J. S.. *Testing structural equation models*. Thousand Oaks, CA, US: Sage Publications, Inc, 1993.

[74] Brodie R J, Whittome R J M, Brush G J. Investigating the services brand: A customer value perspective. Journal of Business Resrarch, 2009, 62 (3): 345 – 355.

[75] Burmann, C., and Zeplin, S.. Building Brand Commitment: A Behavior Approach to Internal Brand Management. *Brand Management*, 2005, 12 (4): 279 – 300.

[76] Burmann, C., Jost – Benz, M. & Riley, N.. Towards an identity-based brand equity model. *Journal of Business Research*, 2009, 62, 390 – 397.

[77] Burmann, C., Zeplin, S., & Riley, N.. Key determinants of internal brand management success: An exploratory empirical analysis. *Journal of Brand Management*, 2009, 16, 264 – 284.

[78] Cahill, D. J.. The Managerial Implicational of the Learning Organization: A New Tool of Internal Marketing. Journal of Service Marketing, 1995, 9 (4): 43 – 51.

[79] Carel Nolte. Delivering the Brand Promise at Hollard Insurance: Transforming Brand Strategy into Satisfied Employees and Customers, SCM, 2004, 8 (3): 18 – 21.

[80] Chaudhuri A, Holbrook M B. The chain of effects from brand trust and brand affect to brand performance: The role of brand loyalty. *Journal of Marketing*, 2001, 2: 81 – 93.

[81] Cho, S., & Johanson, M. M. (2008). Organizational citizenship behavior and employee performance: A moderating effect of work status in restaurant employees. *Journal of Hospitality & Tourism Research*, 2008, 32 (3): 307 – 326.

［82］ Chong, M.. The Role of Internal Communication and Training in Infusing Corporate Values and Delivering Brand Promise: Singapore Airline's Experience. *Corporate Reputation Review*, 2007, 10 (3): 201 - 212.

［83］ Chung Y W, Moon H K. The moderating effects of collectivistic orientation on psychological ownership and constructive deviant behavior. *International Journal of Business and Management*, 2011, 6 (12): 55 - 77.

［84］ Cleaver, C.. Brands as the catalysts. *Journal of Brand Management*, 1999, 6 (5): 309 - 312.

［85］ Crosby, L. A. , Evans, K. R. , & Cowles, D.. Relationship Quality in Services selling: An interpersonal influence perspective. *Journal of Marketing*, 1990, 54 (3): 68 - 81.

［86］ Dagenais - Cooper, V. , & Paillé, P.. Employee commitment and organizational citizenship behaviors in the hotel industry: Do foci matter? . *Journal of Human Resources in Hospitality & Tourism*, 2012, 11 (4): 303 - 326.

［87］ Dall' Olmo Riley, F.. de Chernatony, L. , The Service Brand as Relationships Builder. *British Journal of Management*, 2000, 11: 137 - 150.

［88］ Darley, W. K. , & Smith, R. E. (1995). Gender differences in information processing strategies: An empirical test of the selectivity model in advertising response. *Journal of Advertising*, 1995, 24 (1): 41 - 56.

［89］ de Chernatony L, Cottam S L. Creating and launching a challenger brand: A case study. *The Service Industries Journal*, 2009, 29 (1): 75 - 89.

［90］ de Chernatony, L. , & Dall' Olmo Riley, F.. Experts' views about defining services brands and the principles of services branding. *Journal of Business Research*, 1999, 46 (2): 181 - 192.

［91］ de Chernatony, L. , & Dall' Olmo Riley, F.. The chasm between managers' and consumers' views of brands: The experts perspectives. *Journal of Strategic Marketing*, 1997, 5 (2): 89 - 104.

［92］ de Chernatony, L. , & Drury, S.. Internal factors driving successful financial services brands. *European Journal of Marketing*, 2006, 40 (5/

6）：611 – 633.

［93］de Chernatony, L. , & McDonald, M. . *Creating powerful brands in consumer, service and industrial markets*. Oxford：Butterworth – Heinemann, 1998.

［94］de Chernatony, L. , & Segal – Horn, S. . Building on services' characteristics to develop successful services brands. *Journal of Marketing Management*, 2001, 17：645 – 669.

［95］de Chernatony, L. , & Segal – Horn, S. . The criteria for successful services brands. *European Journal of Marketing*, 2003, 37（7/8）：1095 – 1118.

［96］de Chernatony, L. , Drury, S. , & Segal – Horn, S. . Building a services brand：Stages, people and orientations. *The Services Industries Journal*, 2003, 23（3）：1 – 21.

［97］de Chernatony, L. , Drury, S. , and Segal-horn, S. . Identifying and Sustaining Services Brands, Values. *Journal of Marketing Communications*, 2004, 6, 10：73 – 93.

［98］de Chernatony, L. , Harris, F. J. , & Dall' Olmo Riley, F. . Added value：Its nature, roles and sustainability. European Journal of Marketing, 2000, 34（1/2）：39 – 56.

［99］de Chernatony, L. . *From brand vision to brand evaluation*. Oxford：Butterworth – Heinemann, 2001.

［100］Deci, E. L. , Ryan, R. M. （Eds. ）. *Handbook of Self-determination Research*. Rochester, NY：University of Rochester Press, 2002.

［101］Deci, E. L. , Ryan, R. M. . The General Causality Orientations Scale：Self-determination in Personality. *Journal of Research in Personality*, 1985, 19：109 – 134.

［102］Delgado – Ballester, E. , & Munuera – Aleman, J. L. . Brand trust in the context of consumer loyalty. *European Journal of Marketing*, 2001, 35（11/12）：1238 – 1258.

[103] Downs, C. W. , & Hazen, M. D. . A Factor Analytic Study of Communication Satisfaction. *Journal of Business Communication*, 1977, 14: 63 – 73.

[104] Duncan, T & Moriarty S. E. . *Driving Brand Value: Using Integrated Marketing to Manage Profitable Stakeholder Relationships.* McGraw – Hill, 1997.

[105] Erdem, T. . An Empirical Analysis of Umbrella Branding. *Journal of Marketing Research*, 1998, 35: 339 – 351.

[106] Faust. B. , and Bethge B. . Looking Inward: How Internal Branding and Communication Affect Cultural Change. *Design Management Journal*, 2003, 14 (3): 56 – 63.

[107] Feingold, A. . Gender differences in personality: A meta-analysis. *Psychological Bulletin*, 1994, 116: 429 – 456.

[108] Fitzgerald, W. . Successful hotels teach employees to be brand ambassadors. *Hotel and Motel Management*, 2004, 109: 16.

[109] Flipo Jean – Paul. Service Firms Interdependence of External and Internal Marketing Strategics. *European Journal of Marketing*, 1986, 20 (8): 55 – 68.

[110] Fournier, S. . Consumers and their brands: Developing relationship theory in consumer research. *Journal of Consumer Research*, 1998, 24: 343 – 373.

[111] Free, C. . *The internal brand. Journal of Brand Management*, 1999, 6 (4): 231 – 236.

[112] Frost, F. A. , & Kumar, M. . Service quality between internal customers and internal suppliers in an international airline. *International Journal of Quality and Reliability Management*, 2001, 18 (4): 371 – 386.

[113] Furby L. Possession in humans: An exploratory study of its meaning and motivation. *Social Behavior and Personality*, 1978, 6 (1): 49 – 65.

[114] Gapp, R. , & Merrilees, B. . Important factors to consider when using internal branding as a management strategy: A healthcare case study.

Journal of Brand Management, 2006, 14 (1/2), 162 – 176.

[115] Garbarino, E. , & Johnson, M. S. . The differential roles of satisfaction, trust, and commitment in customer relationships. *Journal of Marketing*, 1999, 63 (April), 70 – 87.

[116] George, W. R. . Internal Marketing and Organizational Behavior: A Partnership in Developing Customer – Conscious Employees at Every Level. *Journal of Business Research*, 1990, 20: 63 – 70.

[117] Gotsi, M. , Andriopoulos, C. , & Wilson, A. . Corporate re-branding: Is Cultural Alignment the Weakest Link? . *Management Decision*, 2008, 46 (1): 46 – 57.

[118] Grönroos Christian. *Service Management and Marketing: A Customer Relationship Management Approach*. John Wiley & Sons, Ltd. , 2000.

[119] Grönroos, C. . A service-oriented approach to marketing of services. *European Journal of Marketing*, 1978, 12 (8): 588 – 601.

[120] Grönroos, C. . *Internal Marketing: Theory and Pratice*. Proceedings of the American Marketing Association Service Marketing Conference, AMA, Chieago, IL, 1981, PP. 41 – 48.

[121] Grönroos, C. . *Service management and marketing*. Lexington, MA: Lexington Books, 1990.

[122] Grunig, J. E. , Grunig, L. A, Sriramesh, K. , Huang, Y, & Lyra, A. . Models of Publie Relations in an International Setting. *Journal of Public Relations Research*, 1995, 7 (3): 163 – 186.

[123] Grusee, J. E. , Goodnow, J. J. . Impact of Parental Discipline Methods on the Child's Internalization of Values: A Reconceptualization of Current Points of View. *Developmental Psychology*, 1994, 30: 4 – 19.

[124] Gummessson, E. . Marketing orientation revisited: The crucial role of the part-time Marketer. *European Journal of Marketing*, 1991, 25 (7): 60 – 75.

[125] Hales, L. . *Hotel design: Makeover is a blend of Wacky and chic*. The Washington Post, 1997.

[126] Hammer T H, Stern R N. Employee ownership: Implications for the organizational distribution of power. *The Academy of Management Journal*, 1980, 23 (1): 78 – 100.

[127] Hankinson, G.. Relational network brands: Towards a conceptual model of place brands. *Journal of Vacation Marketing*, 2004, 10 (2): 109 – 121.

[128] Hankinson, P.. The impact of brand orientation on managerial practice: A quantitative study of the UK's top 500 fundraising managers. *International Journal of Nonprofit and Voluntary Sector Marketing*, 2002, 7 (1), 30 – 44.

[129] Hardaker, S., Chris Fill. Corporate Services Brands: The Intellectual and Emotional Engagement of Employees. *Corporate Reputation Review*, 2005, 7 (4): 365 – 376.

[130] Harris, F., & de Chernatony, L.. Corporate branding and corporate brand performance. *European Journal of Marketing*, 2001, 35, 441 – 457.

[131] Hartline, M. D., Maxham, J., & McKee, D. O.. Corridors of influence in the dissemination of customer-oriented strategy to customer contact service employees. *Journal of Marketing*, 2000, 64: 35 – 50.

[132] Hatch, M. J., & Schultz, M.. Are the strategic stars aligned for your corporate brand? *Harvard Business Review*, 2001, 79: 128 – 134.

[133] Haynes, A., C. Lackman, & A. Guskey. Comprehensive Brand presentation: Ensuring Consistent Brand Image. *Journal of Product and Brand Management*, 1999, 8 (4): 286 – 300.

[134] Heskett, J. L.. Lessons in the service sector. *Harvard Business Review*, 1987, 65: 118 – 126.

[135] Hitt, T. E. Hoskisson, and R. D. Ireland. Resource Complementarity in Business Cornbinations: Extending the Logic to Organizational Alliances. *Journal of Management*, 2001, 27 (6): 679 – 690.

[136] Hogg, M. A. and Reid, S. A.. Social Identity, Self – Categorization, and the Communication of Group Norms. *Communication Theory*, 2006, 16: 7 – 30.

[137] Hou S T, Hsu M Y, Wu S H. Psychological ownership and franchise growth: An empirical study of a Taiwanese taxi franchise. International, *Journal of Entrepreneurial Behavior and Research*, 2009, 15 (5): 415 – 435.

[138] HS Bansal, MB Mendelson, B Sharma. The impact of internal marketing activities on external marketing outcomes. *Journal of QualityManagement*, 2001, 6 (1): 61 – 76.

[139] Hur, Y., & Adler H.. Employees' perceptions of restaurant brand image. *Journal of Foodservice Business Research*, 2011, 14 (4): 334 – 359.

[140] Ind, N.. *Living the Brand: How to Transform Every Member of your Organization into a Brand Champion.* Kogan Page, London, Uk, 2001.

[141] Jacobs, R.. Turn employees into brand ambassadors. *ABA Bank Marketing*, 2003, 35 (3): 22 – 26.

[142] Jo Causon. The Internal Brand: Successful Culture Change and Employee Experiences. *Journal of Change Management*, 2004, 4 (4): 297 – 307.

[143] Joo Louro and Vieira Cunha. Brand Management Paradigms. *Journal of Marketing Management*, 2001, 17: 849 – 875.

[144] Johnson, E. M., & Seymour, D. T.. *The Impact of Cross Selling on the Selling on the Service Encounter in Retail Banking in The Service Encounter.* John, A. C., & Carol E. S., eds, Lexington, MA: D. C. Heath, 1985: 225 – 239.

[145] Joseph, W. B.. Internal Marketing Builds Service Quality. *Journal of Health Care Marketing*, 1996, 16 (1): 54 – 59.

[146] Kapferer, JN. *Strategic Brand Management.* 2nd edition. London: Kogan Page, 1997.

[147] Keller K L, conceptualizing measuring and managing customer-

based equality. *Journal of Marketing*, 2001, 2: 193 – 195.

［148］Keller Kevin Lane. *Strategic Brand Management*: *Building*, *Measuring and Managing Brand Equity*. Prentice Hall Inc. , 1998.

［149］Keller, K. L. , & Aaker, D. A. . The Effects of Sequential Introduction of Brand Extensions. *Journal of Marketing Research*, 2006, 29 （2）: 35 – 50.

［150］Keller, K. L. . Brand Mantras: Rationale, Criteria and Examples. *Journal of Marketing Management*, 1999, 15: 43 – 51.

［151］Keller, K. L. . Conceptualizing, measuring, and managing consumer-based brand Equity. *Journal of Marketing*, 1993, 57: 1 – 22.

［152］Keller, K. L. . *Strategic brand management*: *Building*, *measuring and managing brand equity*. New Jersey: Prentice Hall, 2003.

［153］Kim, W. G. , Han, J. , & Lee, E. . Effects of relationship marketing on repeat purchase and word of mouth. *Journal of Hospitality and Tourism Research*, 2001, 25 （3）: 272 – 288.

［154］Kimpakorn, N. , & Tocquer, G. . Service brand equity and employee brand Commitment. *Journal of Service Marketing*, 2010, 24 （5）: 378 – 388.

［155］King, C. , and Grace, D. . Internal Branding: Exploring the Employee's Perspective. *Brand Management*, 2008, 15 （5）: 358 – 372.

［156］Lahiff, J. M. , and J. M. *Penrose. Business Communication*. fifth edition, New Jersey: Prentice Hall Press, 1997.

［157］Laschinger, H. K. S. , Finegan, j. , Shamian, J. , and Almost, J. . Testing Karasek's Demands Control Model in Restructured Health Care Settings: Effects of Job Strain on Staff Nurses, Quality of Work Life. *Journal of Nursing Administration*, 2001, 31 （5）: 233 – 243.

［158］LePla, Joseph F. , and Parke, Lynn M. *Integrated Branding*: *Becoming Brand – Driven Through Company-wide Action*, London, Quorum Books, 1999.

［159］Levitt, T. . Marketing Myopia. Harvard Business Review, 1960,

38 (4): 45 - 56.

[160] Lings, I. N.. Internal Market Orientation: Construct and Consequences. *Journal of Business Research*, 2004, 57 (4): 405 - 413.

[161] Ma, E., & Qu, H.. Social exchanges as motivators of hotel employees' organizational citizenship behavior: The proposition and application of a new three-dimensional framework. *International Journal of Hospitality Management*, 2011, 30 (3): 680 - 688.

[162] Macrae, Cllris. *The Brand Chartering Hand book*. EIU/Addison - Wesley, Harlow, 1996.

[163] Mangold, W. G., and Miles S. J.. The Employee Brand: Is yours an all-star? . *Business Horizons*, 2007, 50: 423 - 433.

[164] Mattila, A. S.. Emotional bonding and restaurant loyalty. *Cornell Hotel and Restaurant Administration Quarterly*, 2001, 42 (6): 73.

[165] McDonald, M. and de Chematony. Corporate Marketing and Service Brands: Moving beyond the Fast-moving Consumer Goods Model. *European Journal of Marketing*, 2001, 35 (3/4): 335 - 352.

[166] Meyer, J., & Allen, N.. *Commitment in the workplace: Theory, research, and application.* Sage Publications, 1997.

[167] Miles, S, J, and Mangold, G.. A Conceptualization of the Employee Branding Process. *Journal of Relationship Marketing*, 2004, 3 (2/3): 65 - 87.

[168] Miles, S. J., & Mangold, W. G.. Positioning southwest airlines through employee branding. *Business Horizons*, 2005, 48: 535 - 545.

[169] Mitchell, A.. Getting Staff to Live the Brand: Work in Process. *Marketing Week*, 2004, Sep, 2: 30.

[170] Mitchell, C.. Selling the brand inside. *Harvard Business Review*, 2002, 80 (19): 99 - 105.

[171] Morgan R M, Hunt S D. The commitment-trust theory relationship marketing. *Journal of Marketing*, 1994, 58 (3): 20 - 38.

［172］ Morhart, F. M. , Herzog, W. , & Tomczak, T. . Brand-specific leadership: Turning employees into brand champions. *Journal of Marketing*, 2009, 73 (5): 122 – 142.

［173］ Mortimer, R. . Stomach-churning Strategies. Brand Strategy, 2002, April, 8: 20 – 22.

［174］ Nader Tavassoli. Internal Branding: Branding From the Inside Out. *Brand Strategy*, 2007, July, 9: 40.

［175］ Nunnally, J. C. , and Bernstein, I. H. . *Psychometric Theory*. New York: McGraw – Hill, Inc, 1994.

［176］ Oliver, R. L. . Whence Consumer Loyalty? . *Journal of Marketing*, 1999, 63 (2): 33 – 44.

［177］ Padgett, Dan and Allen, Douglas. Communicating Experiences: A narrative approach to creating service brand image. *Journal of Advertising*, 1997 (4): 49 – 62.

［178］ Papasolomou, I. , & Vrontis, D. . Using internal marketing to ignite the corporate brand: The case of the UK retail bank industry. *Journal of Brand Management*, 2006, 14 (1/2): 177 – 195.

［179］ Papasolomou, I. , and Vrontis, D. . Building Corporate Branding through Internal Marketing: The Case of the UK Retail Bank Industry. *Journal of Product & Brand Management*, 2006, 15 (1): 37 – 47.

［180］ Papasolomou – Doukakis, I. . Internal marketing in the UK retail banking sector: Rhetoric or reality? *Journal of Marketing Management*, 2003, 19 (1/2): 197 – 224.

［181］ Park, J. , Robertson, R. , & Wu, C. . Modeling the impact of airline service quality and marketing variables on passengers' future behavioral intentions. *Transportation Planning and Technology*, 2006, 29 (5): 359 – 381.

［182］ Peck J, Shu S B. The effect of mere touch on perceived ownership. *Journal of Consumer Research*, 2009, 36 (3): 434 – 447.

［183］ Pendleton A. Characteristics of workplaces with financial Participation: Evidence from the Workplace Industrial Relations Survey. *Relations Survey Journal*, 1997, 28 (2): 103 – 119.

[184] Pierce J L, Kostova T, Dirks K T. The state of psychological ownership: Integrating and extending a century of research. *Review of General Psychology*, 2003, 7 (1): 84 – 107.

[185] Pierce J L, Kostova T, Dirks K T. Toward a theory of psychological ownership in organizations. *The Academy of Management Review*, 2001, 26 (2): 298 – 310.

[186] Pierce J L, Rubenfeld S A, Morgan S. Employee ownership: A conceptual model of process and effects. *The Academy of Management Review*, 1991, 16 (1): 121 – 144.

[187] Pitta, D. A., & Katsanis, L. P.. Understanding Brand Equity for Successful Brand Extension. *Journal of Consumer Marketing*, 1995, 12 (4): 51 – 64.

[188] Prasad, K., & Dev, C. S.. Managing hotel brand equity: A customer-centric framework for assessing performance. *Cornell Hotel and Restaurant Administration Quarterly*, 2000, 41 (3): 22 – 31.

[189] Punjaisri, K., & Wilson, A.. The role of internal branding in the delivery of employee brand promise. *The Journal of Brand Management*, 2007, 15 (1), 57 – 70.

[190] Punjaisri, K., Evanschitzky, H., & Wilson, A.. Internal branding: An enabler of employees' brand-supporting behaviors. *Journal of Service Management*, 2009, 20 (2): 209 – 226.

[191] Punjaisri, K., Wilson, A., & Evanschitzky, H.. Exploring the influences of internal branding on employees' brand promise delivery: Implications for strengthening customer-brand relationships. *Journal of Relationship Marketing*, 2008, 7 (4): 407 – 424.

[192] Rafiq, M., & Ahmed, P. K.. Advances in the internal marketing concept: Definition, synthesis and extension. *Journal of Services Marketing*,

2000, 14 (6): 449 – 462.

[193] Rafiq, M. , and Ahmed, P. K. . Scope of Internal Marketing: Defining the Boundary between Marketing and Human Resource Management. *Journal of Marketing Management*, 1993, 9 (3): 219 – 232.

[194] Reynoso J, Moores B. Towards the Measurement of internal service quality. *Internal Journal of Service Industry Management*, 1995, 6 (3): 64 – 83.

[195] Riketta, M. . Organizational identification: A meta-analysis. *Journal of Vocational Behavior*, 2005, 66: 358 – 384.

[196] Rode, V. , and Vallaster, C. . Corporate Branding for Start-ups: The Crucial Role of Entrepreneurs. *Corporate Reputation Review*, 2005, 8 (2): 121 – 135.

[197] Rolke, L. . *Wie das Image von Geschaftsfuhrern und Vorsadenden Unternehmenswert beeinflusst*, 2004.

[198] Rousseau, D. M. Schema, Promise, and Inut Uality: The building blocks of the Psychological contract. *Journal of Occupational and Organizational Psychology*, 2001, 74: 511 – 541.

[199] Rucci, A. J. , Kirn, S. P. , & Quinn, R. T. . The employee-customer-profit chain at Sears. *Harvard Business Review*, 1998, 76 (1): 82 – 97.

[200] Saaksjarvi, M. , & Samiee, S. . Relationships among brand identity, brand image and brand preference: Differences between cyber and extension retail brands over time. *Journal of Interactive Marketing*, 2011, 25 (3): 169 – 177.

[201] Samli, C. A. , & Frohlich, C. J. . Service: The competitive edge in banking. *Journalof Services Marketing*, 1992, 1: 15 – 22.

[202] Sharp, Byron. Brand Equity and Market – Based Assets of Professional Service Firms. *Journal of Professional Service Marketing*, 1995, 13 (1): 3 – 13.

[203] Simoes, C. , & Dibb, S. . Rethinking the brand concept: New

brand orientation. *Corporate Communications: An International Journal*, 2001, 6 (4): 217 - 224.

[204] Sirdeshmukh, D. , Singh, J. , and Sabol, B. . Customer trust, value, and loyalty in relational exchanges. *Journal of Marketing*, 2002, 66 (1): 15 - 37.

[205] Smetana, J. G. . Parenting Styles and Conceptions of Parental Authority During Adoleseence. *Child Development*, 1995, 66: 299 - 315.

[206] Soenens. B. , Vansteenkiste, M. . Antecedents and Outcomes of Self-determination in three Life Domains: The Role of Parents, and Teachers, Autonomy Support. *Journal of Youth and Adolescence*, 2005, 34: 589 - 604.

[207] Stobart, P. . *Alternative Methods of Brand Valuation*, In Brand Valuation: Establishing a True and Fair View. J. Murphy ed, London: The Interbrand Group, 1994.

[208] Street, M. . Training people to deliver service excellence in British Airways. *Managing Service Quality*, 1994, 4 (4): 13 - 16.

[209] Stuart, H. . Towards a Definitive Model of the Corporate Identity Management process. *Corporate Communications: An International Journal*, 1999, 4 (4): 200 - 207.

[210] Sultan, F. , & Simpson, M. C. . International service variants: Airline passenger expectations and perceptions of service quality. *Journal of Service Marketing*, 2000, 14 (3): 188 - 216.

[211] Susskind, A. M. , Borchgrevink, C. P. , Kacmar, K. M. , & Brymer, R. A. . Customerservice employees' behavior intentions and attitudes: An examination of constructvalidity and a path model. *International Journal of Hospitality Management*, 2000, 19: 53 - 77.

[212] Tansuhaj, Patriya, Donna Randall, and Jim McCullough. A Services Marketing Management Model: Integrating Internal and External Marketing Functions. *The Journal of Service Marketing*, 1988, 2 (1): 31 - 38.

[213] Teng, C. C. & Barrows, C. W. . Service orientation: Antecedents,

outcomes, and implications for hospitality research and practice. *The Service In-dustries Journal*, 2009, 29 (10): 1413 – 1435.

[214] Tharenou, P.. Going up: do Traits and Informal Social Processes Predict Advancing in Management? *Academy of Management Journal*, 2001, 44 (5): 1005 – 1017.

[215] Thomson, K., de Chernatony, L., Arganbright, L., and Khan, S.. The Buy-in Benchmark: How Staff understanding and Commitment Impact Brand and Business performance. *Journal of Marketing Management*, 1999, 5 (8): 819 – 535.

[216] Timothy, W. A., L. Gorchels and T. R. Bishop. Human Resource Management's Role in Internal Branding: An Opportunity for Cross – Functional Brand Message Synergy. *Journal of Product & Brand Management*, 2005, 14 (3): 163 – 169.

[217] Tosti, D. T. and Stotz, R. D.. "Brand: building your brand from the inside out", *Marketing Management*, 2001, 10 (2): 29 – 33.

[218] Tosti, D., & Stotz, R.. Building your brand from the inside out. *Marketing Management*, 2001, 19 (2): 28 – 33.

[219] Tsang, N., Lee, L. Y. S., & Li, F. X. H.. An examination of the relationship between employee perceptions and hotel brand equity. *Journal of Travel and Tourism Marketing*, 2011, 28 (5): 481 – 497.

[220] Ucho, A., Mkavga, T., & Onyishi, I. E. (2012). Job satis-faction, gender, tenure, and turnover intentions among Civil Servants in Benue State. *Interdisciplinary Journal of Contemporary Research in Business*, 2012, 3 (11): 378 – 387.

[221] Vallaster, C., and de Chernatony, L.. Internal Brand Building and Structure: The Role of Leadership. *European Journal of Marketing*, 2006, 40 (7/8): 761 – 784.

[222] Vallaster, C.. Internal Brand Building in Multicultural Organiza-tions: A Road Map towards Action Research. *Qualitative Market Research*,

2004, 7 (2): 100 – 113.

[223] Vallaster, C. , and de Chernatony, L. . Internationalization of Services Brands: The Role of Leadership During the Internal Brand Building Process. *Journal of Marketing Management*, 2005, 21: 181 – 203.

[224] Vallerand, R. J. , Fortier, M. S. , Guay, F. . Self-determination and Persistence in a real-life Setting: Toward a Motivational Model of High School Dropout. *Journal of Personality and Social Psychology*, 1997, 72: 1161 – 1176.

[225] Van Dyne L, Pierce J L. Psychological ownership and Feelings of Possession: Three field studies predicting employee attitudes and organizational citizenship behavior. *Journal of Organizational Behavior*, 2004, 25 (4): 439 – 459.

[226] Van Riel, C. B. M. . *Principles of Corporate Communication*. prentice – Hall, Harlow, 1995.

[227] Van Riel. C. , and Balmer J. . Corporate Identity: The Concept, its Measurement and Management. *European Journal of Marketing*, 1997, 31 (5): 340 – 356.

[228] Vandewalle D, Van Dyne L, Kostova T. Psychological ownership: An empirical examination of its consequences. *Croup and Organization Management*, 1995, 20 (2): 210 – 226.

[229] Vansteenkiste, M. , Lens, W. , Dewitte, S. , De Witte. H. , Deci, E. L. . The "Why" and "Why not" of Job Search Behavior: Their Relation to Searching, Unemployment Experience, and Well-being. *European Journal of Social Psychology*, 2004, 34: 345 – 363.

[230] Vella, P. , Gountas, J. , & Walker, R. . Employee perspectives of service quality in the supermarket sector. *Journal of Services Marketing*, 2009, 23 (6): 407 – 421.

[231] Wallace, E. , & de Chernatony, L. . Classifying, identifying and managing the service brand saboteur. *The Service Industries Journal*, 2008, 28 (1 – 2): 151 – 165.

［232］ Webster. The Challenge of Internal Branding. *strategic Direction*, 2003, 19（10）: 10 – 12.

［233］ Wieseke, J. , Ahearne, M. , Lam, S. K. , & Dick, R. V. . The Role of Leaders in Internal Marketing. *Journal of Marketing*, 2009, 73（4）: 123 – 145.

［234］ Yaniv E. , and F. Farkas. The Impact of Person-organization Fit on the Corporate Brand Perception of Employees and of Customers. *Journal of Change Management*, 2005, 5（4）: 447 – 461.

［235］ Yoo, B. , and N. Donthu. Developing and Validating Multidimensional Consumer-based Brand Equity Scale. *Journal of the Academy of Marketing Science*, 2000, 28（2）: 195 – 211.

［236］ Yukl, G. . How leaders influence organizational effectiveness. *Leadership Quarterly*, 2008, 19: 708 – 722.

［237］ Zeithaml, V. , & Bitner, M. J. . *Services marketing*. New York, NY: McGraw – Hill, 1996.

［238］ Zerbe, W. J. , Dobni, D. , & Harel, G. H. . Promoting employee service behaviour: The role of perceptions of human resource management practices and service culture. *Canadian Journal of Administrative Sciences*, 1998, 15（2）: 165 – 179.

［239］ Zucker, R. . *More than a name change-internal branding at Pearl*. SCM, 2002, 6（4）: 4 – 27.

附录一：调查问卷（员工）

调查问卷（员工）

尊敬的女士/先生：

您好！非常感谢您参与调查，这是一项关于公司内部品牌建设的学术研究。本书主要想了解您对目前工作的企业品牌的看法。答案没有对错之分，不涉及商业机密，请根据您自己的认识和判断填写。这次调查是匿名进行的，没有人能识别出您的问卷和您的回答，恳请您认真和坦诚填答，您所提供的答案对品牌管理研究非常重要，衷心感谢您的合作！

注：（1）这里的品牌都是指您现在所在的企业品牌；

（2）以下每个问题只选一个答案，请勿多选或漏选；

（3）电子版问卷请直接点击"□"，若错选请再点击一次即可"取消"。

第 一 部 分

1. 您的性别：

□男　　□女

2. 您的年龄：

□25 岁及以下　　□26～35 岁　　□36～45 岁　　□46 岁及以上

3. 您的受教育程度：

□高中（中专）及以下　　□大专　　□本科　　□研究生及以上

4. 您在目前企业的工作年限：

□不满 1 年　　□1～3 年　　□3～5 年　　□5～10 年

□10 年以上

第 二 部 分

一、请您就自身所感受到的企业内部关于品牌的相关活动做出判断。数字 1~7 分别表示：非常不同意，不同意，有些不同意，中立，同意，比较同意，非常同意。

序号	问项内容	1 非常不同意	2 不同意	3 有些不同意	4 中立	5 同意	6 比较同意	7 非常同意
1	公司对员工的培训中包含品牌方面的内容	☐	☐	☐	☐	☐	☐	☐
2	公司组织了各种包含品牌内容的培训	☐	☐	☐	☐	☐	☐	☐
3	公司关于品牌方面的培训很有效	☐	☐	☐	☐	☐	☐	☐
4	如果我做了有益于公司品牌方面的事，会得到物质奖励	☐	☐	☐	☐	☐	☐	☐
5	如果我做了有益于公司品牌方面的事，会得到表扬和赞赏	☐	☐	☐	☐	☐	☐	☐
6	公司在做出晋升决策时会考虑员工对企业品牌形象的贡献	☐	☐	☐	☐	☐	☐	☐
7	公司在绩效考核时会考虑员工对企业品牌形象的贡献	☐	☐	☐	☐	☐	☐	☐
8	内部讨论时，我能清晰的了解公司的品牌使命	☐	☐	☐	☐	☐	☐	☐
9	上级（部门）很容易将品牌信息传递给下级（部门）	☐	☐	☐	☐	☐	☐	☐
10	下级（部门）很容易将品牌信息传递给上级（部门）	☐	☐	☐	☐	☐	☐	☐
11	我所在的部门与其他部门能有效的沟通品牌信息	☐	☐	☐	☐	☐	☐	☐
12	我的主管评价我的工作时会考虑我为公司品牌所做的贡献	☐	☐	☐	☐	☐	☐	☐
13	公司领导明确表述了我们企业的品牌愿景	☐	☐	☐	☐	☐	☐	☐
14	当谈到我们企业品牌时，公司领导会表现出坚定的信心	☐	☐	☐	☐	☐	☐	☐
15	公司领导明确提出了公司品牌的重要性	☐	☐	☐	☐	☐	☐	☐
16	我的主管会帮助我成长，希望我成为我们公司品牌的代表	☐	☐	☐	☐	☐	☐	☐

二、请您就所在企业品牌的真实感受做出判断。数字 1～7 分表示：非常不同意，不同意，有些不同意，一般，有些同意，同意，非常同意。

序号	问项内容	1 非常 不同 意	2 不同 意	3 有些 不同 意	4 中立	5 同意	6 比较 同意	7 非常 同意
1	这个品牌是我的	☐	☐	☐	☐	☐	☐	☐
2	这个品牌是我们的	☐	☐	☐	☐	☐	☐	☐
3	我对这个品牌感到有较高程度的个人所有权	☐	☐	☐	☐	☐	☐	☐
4	大多数为该公司工作的人感到他们拥有这个品牌	☐	☐	☐	☐	☐	☐	☐

三、请您就所在企业的品牌表现做出判断。数字 1～7 分表表示：非常不同意，不同意，有些不同意，一般，有些同意，同意，非常同意。

序号	问项内容	1 非常 不同 意	2 不同 意	3 有些 不同 意	4 中立	5 同意	6 比较 同意	7 非常 同意
1	我经常会告诉我的朋友我在一个很好的公司工作	☐	☐	☐	☐	☐	☐	☐
2	我会很自豪的告诉别人，我是我们公司的一部分	☐	☐	☐	☐	☐	☐	☐
3	对我而言，我是在为所有保险公司品牌中最好的一个保险公司而工作	☐	☐	☐	☐	☐	☐	☐
4	我非常高兴我选择了在这个保险公司工作	☐	☐	☐	☐	☐	☐	☐
5	我确实很在意我们公司的品牌名字	☐	☐	☐	☐	☐	☐	☐

四、请您就所在企业的真实表现做出判断，数字 1～7 分表表示：非常不同意，不同意，有些不同意，一般，有些同意，同意，非常同意。

序号	问项内容	1 非常 不同 意	2 不同 意	3 有些 不同 意	4 中立	5 同意	6 比较 同意	7 非常 同意
1	我会与我认识的人讨论我们的公司	☐	☐	☐	☐	☐	☐	☐
2	当我和朋友在一起时，我会以一种积极的方式谈论我们公司	☐	☐	☐	☐	☐	☐	☐
3	在社交场合，我经常自豪的谈论我们公司	☐	☐	☐	☐	☐	☐	☐
4	我会给我的领导提建议如何提升我们公司的品牌形象	☐	☐	☐	☐	☐	☐	☐
5	我曾就如何提高客户体验提出了建设性意见	☐	☐	☐	☐	☐	☐	☐
6	如果我有一个如何提高我们公司品牌表现的想法时，我会跟领导分享	☐	☐	☐	☐	☐	☐	☐

附录二：调查问卷（顾客）

调查问卷（顾客）

尊敬的女士/先生：

您好！非常感谢您参与调查，这是一项关于消费者－品牌关系的学术研究。答案没有对错之分，不涉及商业机密，请根据您自己的认识和判断填写。这次调查是匿名进行的，没有人能识别出您的问卷和您的回答，恳请您认真和坦诚填答，您所提供的答案对品牌管理研究非常重要，衷心感谢您的合作！

注：（1）以下每个问题只选一个答案，请勿多选或漏选；

（2）电子版问卷请直接点击"□"，若错选请再点击一次即可"取消"。

第 一 部 分

1. 您的性别：

□男　□女

2. 您的年龄：

□25 岁及以下　□26～35 岁　□36～45 岁　□46 岁及以上

3. 您的受教育程度：

□高中（中专）及以下　□大专　□本科　□研究生及以上

4. 您的月收入：

□3500 元以下　□3500～8000 元　□8000～12000 元

□12000～20000 元　□20000 元以上

第 二 部 分

一、请您就自身所感受到的企业服务表现作出判断。数字 1～7 分别表示：非常不同意，不同意，有些不同意，中立、同意、比较同意、非常同意。

序号	问项内容	1 非常 不同意	2 不同意	3 有些 不同意	4 中立	5 同意	6 比较 同意	7 非常 同意
1	我相信该公司品牌	☐	☐	☐	☐	☐	☐	☐
2	我信任该公司品牌	☐	☐	☐	☐	☐	☐	☐
3	该公司是个诚实的品牌	☐	☐	☐	☐	☐	☐	☐
4	该公司是个安全的品牌	☐	☐	☐	☐	☐	☐	☐

二、请您就自身所感受到的企业服务表现作出判断。数字 1~7 分表表示：非常不同意，不同意，有些不同意，一般，有些同意，同意，非常同意。

序号	问项内容	1 非常 不同意	2 不同意	3 有些 不同意	4 中立	5 同意	6 比较 同意	7 非常 同意
1	我认为我自己是忠诚于该保险公司品牌的	☐	☐	☐	☐	☐	☐	☐
2	对我而言，该公司是市场上最好的保险公司品牌	☐	☐	☐	☐	☐	☐	☐
3	我会向别人推荐该保险公司	☐	☐	☐	☐	☐	☐	☐

后　记

在本书完成之际，作者衷心感谢中央财经大学和经济科学出版社为本书的撰写和出版提供的支持，使作者的研究成果得以展示，为同领域内研究学者的交流提供了条件，为业界内的合作搭建了平台。感谢宋媛老师、宋双权老师和王娟编辑在本书出版过程中给予的帮助和支持。

本书是在作者博士论文的基础上进一步修改、整理形成的。本书针对服务业品牌建设过程中重品牌承诺、轻品牌内化、顾客体验与品牌承诺的不匹配、顾客对品牌价值评估失真等缺陷，以保险公司作为实证对象，从员工品牌心理所有权这一新视角，通过整合员工品牌公民行为、顾客的品牌关系，系统化解析服务行业品牌内化，研究品牌内化机制对员工品牌承诺和员工品牌公民行为影响，开发了员工品牌公民行为和基于消费者品牌关系的测量量表，并进行了严格的实证检验。

本书的研究和写作过程，得到了多方的指导和帮助。感谢中央财经大学孙国辉教授，王毅副教授的指导。感谢中央财经大学施曼博士、刘鹊博士、冯丽娜博士在本书数据调研、整理等各方面给予的帮助。感谢作者的同事在本书撰写中给予的理解和支持。感谢各位专家、学者在本书撰写中提供的灵感、思路，让本书得以顺利完成。

最后，感谢我的家人，是家人的关心和爱护使得本书能尽快出版。

秦春雷
2017 年 3 月